Der strafrechtliche Schutz des Geschäfts- und Betriebsgeheimnisses.

Inaugural-Dissertation

zur Erlangung der Doktorwürde

der

Hohen Juristischen Fakultät

der

Grossherzoglich Mecklenburgischen Landesuniversität zu Rostock

vorgelegt

von

Eugen Friedlaender,
Kammergerichtsreferendar.

Druck von Georg Reimer in Berlin.

Meiner Mutter.

I. Die Entwicklung des Schutzes von Geschäfts- und Betriebsgeheimnissen.

Zuerst hat Frankreich, welches ja überhaupt in der Entwicklung des Begriffes des „unlauteren Wettbewerbes“ der „Concurrence déloyale“, allen übrigen Ländern vorangegangen ist, einen Schutz von Geschäfts- und Betriebsgeheimnissen in Anlehnung an diesen Begriff gekannt. Dieser Schutz war außerordentlich weitgehend. Zunächst boten ihn die Artikel 1382 und 1383 des Code civil.[1]) Diese allgemeinen Bestimmungen wurden in den Händen der feinfühligen französischen Praxis, die auch hier wieder ihren oft gerühmten Vorzug, die Bedürfnisse des praktischen Lebens zu kennen und zu erkennen, bekundete, zu einer sehr wirksamen Waffe für den ehrlichen Gewerbetreibenden. Diesen Bestimmungen und ihrer Handhabung durch die Praxis gesellte sich als — wie die Statistik der Bestrafungen[2]) zeigt — wirksames Abschreckungsmittel der drakonische Artikel 418 des Code pénal hinzu.[3]) Hier wird

---

[1]) Tout fait quelconque, qui cause à autrui un dommage, oblige celui par la faute duquel il est arrivé à le réparer.

[2]) Vgl. Stegemann, Unlauteres Geschäftsgebahren Bd. 2 S. 59.

[3]) Tout directeur, commis, ouvrier de fabrique, qui aura communiqué ou tente de communiquer à des étrangers ou à des français residant en pays étranger des secrets de la fabrique où il est employé sera puni d'un emprisonnement de deux à cinq ans et d'une amende de cinquante francs à vingt mille francs. Il pourra en outre être privé des droits mentionnés en l'art. 42 du présent Code pendant cinq ans au moins et dix ans au plus, à compter du jour ou il aura subi sa peinte. (Il pourra aussi être mis sous la surveillance de la haute police

allerdings nur das Fabrikationsgeheimnis getroffen, das Geschäftsgeheimnis bleibt ungeschützt — ein Umstand, auf den bei Beratung der jetzt geltenden Bestimmung vielfach hingewiesen worden ist. Bemerkenswert ist ferner die Beschränkung des Schutzes auf die Dauer des Vertragsverhältnisses, ebenfalls ein später viel umstrittenes Tatbestandsmerkmal. Auch andere Länder haben Bestimmungen zum Schutze des gewerblichen Geheimnisses[1]) — doch sind sie für uns von geringerem Interesse, da nur die französische Gesetzgebung auf diesem Gebiete mit unserer Rechtsentwicklung in Berührung gekommen ist und sie da und dort beeinflußt hat.

Das ältere deutsche Gewerberecht kannte keine Bestimmungen, die direkt den Verrat des gewerblichen Geheimnisses verboten. Erst im Beginn des 18. Jahrhunderts finden sich solche. Sie beruhen aber vorzugsweise auf rein volkswirtschaftlichen Erwägungen und ihre Verbindung mit dem Begriffe des unlauteren Wettbewerbs wird schwer herzustellen sein. Denn sie stellen sich als Beschränkungen der gewerblichen Freizügigkeit dar, gegeben, nicht um den Gewerbetreibenden des Rechtsgebiets gegen das Eindringen der Konkurrenten in seine gewerblichen Geheimnisse oder gegen den Verrat seiner Angestellten zu schützen, sondern um das gesamte Gewerbe des Auslandes von den dem Rechtsgebiete eigenen Vorteilen auszuschließen, mögen diese in der Kenntnis und im Wissen der inländischen Arbeiter oder in den Fabrikgeheimnissen selbst bestehen. Dahin gehört die No. 18 Kap. 5 Corp. const. March. vom 19. Okt. 1719, die Verordnung der Königl. Kriegs- und Domänenkammer zu Cleve vom 4. Mai 1730, das Kurhessische Regierungsausschreiben vom 24. September 1765,

pendant le même nombre d'années). Si ces secrets ont été communiqués à des français residant en France, la peine sera d'un emprisonnement de trois mois à deux ans et d'une amende de seize Francs à deux cents francs. — Le Maximum de la paine prononcée par les paragraphes 1er et 3 du présent article sera nécessairement appliqué, s'il s'agit de secrets de fabriques d'armes et munitions de guerre appartenant à l'Etat. Den Art. 418 ergänzte ein Gesetz vom 13. Mai 1863. Die eingeklammerte Bestimmung ist aufgehoben durch ein Gesetz vom 27. Mai 1885.

[1]) Vgl. Daniel a. a. O. S. 135 ff.

bestätigt durch Verordnung vom 7. Juli 1801, das Publicandum des Kgl. Gewerbedirektoriums zu Berlin vom 4. Dezember 1805 für die Grafschaft Mark und die Länder Essen und Werden, die Verordnung des Generalgouverneurs vom Nieder- und Mittelrhein wider die Anreizung diesseitiger Fabrikarbeiter zum Auswandern, die Exportation von Maschinen, und die Offenbarung der Fabrikgeheimnisse an Auswärtige vom 20. September 1814, aufgehoben durch Verordnung vom 2. Februar 1833; schließlich die sächsischen Bestimmungen: das Reskript, die Exportationen künstlicher Fabrikmaschinen betreffend, vom 20. März 1800, die Verordnung für Spitzenmanufakturen vom 6. Februar 1804 und die Verordnungen für Damastweber vom 1. Mai 1743 und 8. April 1812.

Ein zivilrechtlicher Schutz, etwa auf einem ähnlichen Grundsatze beruhend wie auf dem des Art. 1382 C. c., war nicht vorhanden. Zwar war dem gemeinen Rechte ein solcher Grundsatz nicht fremd, aber der Standpunkt der romanistischen Theorie, daß keine Rechtsverletzung da sein könne, wo kein Recht anerkannt werde, und die Schwierigkeit, den Schaden selbst, der durch Offenlegung von gewerblichen Geheimnissen entstand, und den Umfang des Schadensersatzes zu substanziieren, verhinderte seine Anwendung auf die hier in Frage kommenden Handlungen. Es war nämlich weder ein Recht auf den Gewerbebetrieb, wie im französischen Recht, noch etwa ein Recht an dem gewerblichen Geheimnis anerkannt, aus dem ein Schutz hätte hergeleitet werden können. Auch die Partikularrechte hatten ähnliche Bestimmungen auf dem Gebiete des Civilrechts,[1] aber die Rechtsprechung hat von ihnen in dieser Richtung keinen Gebrauch gemacht.

Dagegen ist der Schutz von Geschäfts- und Fabrikgeheimnissen fast in allen deutschen Bundesstaaten mit Ausnahme Preußens immerhin strafrechtlich geregelt worden.[2] Die Stellung der einzelnen Gesetzgeber war verschieden. Überwiegend erfolgt

---

[1]) Preuß.A.L.R. I 6 §§ 8—14. Bayr.L.R. IV 16 § 6. Sächs.B.G.B. § 116, Baden und Pfalz Art. 1382 C. c. Vgl. Träger bei Gruchot 36 S. 224, Finger in der Jur. Zeitschr. für Elsaß-Lothringen Bd. 21 S. 471.

[2]) Vgl. Daniel a. a. O. S. 131 fg. und Stegemann II S. 31 fg.

die Zusammenstellung aller dieser Bestimmungen mit denjenigen, welche das Privatgeheimnis überhaupt, insbesondere das Briefgeheimnis schützen, teils in demselben Abschnitt, teils sogar in demselben Paragraphen, wie z. B. in Württemberg und Hannover. Die Ausdehnung des Schutzes ist ungleich und zeigt trotz der meist umfangreichen und eingehenden Formulierung der betreffenden Bestimmung, daß eine klare Auffassung darüber, worin und aus welchem Grunde der Gewerbetreibende zu schützen sei, noch nicht vorhanden ist. So ist in dem hannöverschen und thüringischen St.G.B. noch keine Beschränkung hinsichtlich der Täterschaft erfolgt: jeder kann das Delikt begehen. Andere Strafgesetzbücher wie z. B. das württembergische und braunschweigische unterscheiden schon, ob ein Privat- und Urkundengeheimnis oder ein in Fabriken und Handelshäusern erlangtes Geheimnis vorliegt, und beschränken im letzteren Falle die Täterschaft auf die „angestellten Gehülfen". Auch die Regelung dessen, was geschützt sein soll, ist abweichend. Überall wird zwar das Privatgeheimnis, insbesondere soweit es schriftlich niedergelegt ist, geschützt, aber das gewerbliche Geheimnis nicht überall durchgreifend. So schützt Baden nur das Fabrikgeheimnis. Sonst werden allerdings die Geheimnisse, die „in Fabriken oder Handelshäusern" erlangt sind, gesichert. Dabei werden gewöhnlich die „Handelsbücher oder sonstigen Papiere" von den übrigen gewerblichen Geheimnissen ausgenommen und vorweg mit dem Briefgeheimnis kopuliert. Bayern nennt sogar „Handels-, Fabriks- und Gewerbsgeheimnisse" nebeneinander. Was diese partikularen Gesetzbücher in den Begriff des gewerblichen Geheimnisses einbezogen haben, wird daher schwer zu bestimmen sein, zumal die Kommentare weder das Material zu den Gesetzen, noch etwa ergangene Entscheidungen aufweisen.[1]) Abweichende Regelung erfahren diese Tatbestände weiter nach der subjektiven Seite hin. Während ein Teil der Strafgesetzbücher, wie das Hamburgische,

[1]) Hesse, Sachs.-Alt. Privatr., Leonhardt, Komm. zum Krim. Ges. B. des Kgr. Hannover, Puchelt Bad. Str.G.B., v. Dollmann Bayr. Str.G.B., Bingner und Eisenlohr, Badisches Strafrecht, Hufnagel, Württ. Str.G.B., v. Wächter, Das kgl. sächs. u. thüring. Str.R. zu den betr. Paragraphen.

Badische und Altenburgische eine spezifische Deliktsabsicht nicht kennt, fügen andere, z. B. das Württembergische und Hannöversche, eine solche ein und unterscheiden, ob der Täter die Absicht hatte, zu schaden oder sich einen rechtswidrigen Vermögensvorteil zu verschaffen. Feiner unterscheiden Bayern, welches die Beurteilung des Tatbestandes und das Strafmaß davon abhängig macht, ob die Absicht der Schadenszufügung ohne den Zweck der Bereicherung oder ob eine Schadenszufügung mit dem Zweck eines rechtswidrigen Vorteilverschaffens vorliegt, ferner Thüringen, welches die Absicht zu schaden oder sich einen rechtswidrigen Vorteil zu verschaffen als qualifizierend ansieht.

Am eingehendsten hat sich das Königreich Sachsen — erklärlicherweise, da es einer der industriereichsten deutschen Staaten ist — mit der Frage des gewerblichen Geheimnisschutzes beschäftigt.

Zunächst[1]) wurde die Mitteilung von Fabrikgeheimnissen, denen der Gesetzgeber nun auch die „Verfahrungsweisen" unterordnete, durch den § 72 des Sächs. Gewerbegesetzes mit Strafe bedroht und im § 74 daselbst der Begriff der „Arbeiter" in weitgehender Weise deklariert. Der § 56 der Verordnung zur Ausführung des Gewerbegesetzes[2]) äußerte sich sodann über das Verhältnis des genannten § 72 zu den Artt. 372, 373[3]) des allgemeinen Strafgesetzbuches für Sachsen, welche die Geheimnisse der „Fabriken und anderen gewerblichen Unternehmen" schützten.

Einzig und allein das preußische Str.G.B. von 1851 kannte keine ähnliche Bestimmung. Dieses Gesetzbuch liegt dem jetzt geltenden R.Str.G.B. zu Grunde. Letzteres aber hat der ganzen partikularrechtlichen Entwicklung durch Nichtaufnahme einer einschlägigen Bestimmung in den die Verletzung fremder Geheimnisse regelnden Abschnitt 25 ein Ende gemacht. Warum dies geschehen ist, darüber hat einer der Mitarbeiter am R.Str.G., Rubo, auf dem 19. deutschen Juristen-

---

[1]) Gesetz vom 15. Oktober 1861, abgedruckt bei Schmid Schutz des gewerblichen Eigentums S. 252.

[2]) Gesetz- und Verordnungsblatt 1861 S. 246, ebenfalls bei Schmid daselbst.

[3]) Abgedruckt bei Daniel S. 132.

tag[1]) eine Erklärung abgegeben, nach welcher der Verrat von Fabrikgeheimnissen deshalb nicht im R.Str.G.B. zu finden ist, weil das zum preußischen St.G.B. Motivierte nicht einer nochmaligen Motivierung unterworfen wurde, und weil bei Aufstellung des ersten Entwurfs die Ansicht bestanden habe, daß der Verrat von Fabrikgeheimnissen nicht strafbar sei, weil ferner, „weder seitens der Kommission zur Revidierung des Str.G.B. noch seitens des Bundesrats noch seitens der Kommission des Reichtags noch im Plenum des Reichstags ein Antrag gestellt oder angeregt worden sei". Der Grund, weshalb das preußische Str.G.B. den Verrat von Fabrikgeheimnissen nicht bedrohte, ist von anderer Seite treffend dahin angegeben worden: es lag das für strafrechtliche Verfolgung nötige öffentliche Interesse nicht vor. Ob außer den von Rubo angegebenen noch andere Gründe für diese Unterlassung maßgebend gewesen sind, läßt sich nicht mit Bestimmtheit sagen. Daß eine derartige Bestimmung vergessen worden sei[2]) oder daß die „damals ziemlich geringschätzige Anschauung von der Gesetzgebung zum Schutze des geistigen Eigentums" oder eine allzuweit gehende individualistische Auffassung die Veranlassung gewesen sei,[3]) sind bloße Vermutungen. —

Fraglich war auch noch, ob der Schutz von Geheimnissen im St.G.B. eine abschließende Regelung erfahren hatte. Sieht man als Materie im Sinne des § 2 E.G.z.R.Str.G.B. die einzelnen für strafbar oder nicht strafbar erklärten Handlungen an,[4]) so kann die Frage hier nur dahin lauten, ob aus der Fassung und der Stellung des § 300 Str.G.B. zu entnehmen ist, daß nur die Verletzung der dort bezeichneten Geheimnisse mit Strafe bedroht ist. Die Frage ist zu bejahen. Denn die Fassung des § 300 ist durchaus präzis.[5]) Was der Gesetzgeber in ihn nicht aufgenommen hat, ist demnach als schutzbedürftig oder schützens-

---

[1]) Verhandl. Bd. 3 S. 251.

[2]) Katz auf dem 19. Jur.-Tage Verhandl. Bd. 3 S. 255.

[3]) Gutachten der Mannheimer Handelskammer. Verhandl. des 19. Jur.-Tages Bd. 1 S. 101.

[4]) v. Liszt Lehrb. § 19.

[5]) Vgl. Hippe in Goltd. Arch. Bd. 46 S. 283 f. § 2.

wert nicht anerkannt. Aus seiner Stellung im 25. Abschnitt ist ein weiteres Argument zu entnehmen. Denn die Verletzung fremder Geheimnisse ist neben dem Sammelausdruck „strafbarer Eigennutz" noch besonders erwähnt. Während jener Ausdruck die verschiedenartigsten Delikte in sich begreift, die unbestritten nicht als „Materie" gelten, wird dies unter die Bezeichnung „Verletzung fremder Geheimnisse" fallende Delikt genau im Sinne dieser Überschrift strikt begrenzt.[1])

Danach ergibt sich folgender Rechtszustand auf dem Gebiete des Geheimnisschutzes überhaupt vor dem Inkrafttreten des Gesetzes vom 27. Mai 1896: Privatgeheimnisse werden durch die §§ 299, 300 Str.G.B. geschützt. Diesen Bestimmungen steht am nächsten der Art. 69 Ziff. 5 des Handelsgesetzbuchs, nach dem Handelsmäkler zur Verschwiegenheit über die Aufträge, Verhandlungen und Abschlüsse verpflichtet sind, soweit nicht das Gegenteil durch die Parteien bewilligt oder durch die Natur des Geschäfts geboten ist. Die Artt. 81 und 84 Abs. 1 a. a. O. regeln sodann die Folgen der Verletzung dieser Schweigepflicht.

Gewerbliche Geheimnisse genießen Schutz gegen das Eindringen solcher Personen, die auf Grund öffentlichen Amtes oder Auftrags Kenntnis erlangen können, durch die Reichsversicherungsgesetzgebung und die Gewerbeordnung, auf deren einzelne Bestimmungen später einzugehen sein wird. Denselben Charakter hat wohl auch § 383 Ziff. 5 C.P.O. Die §§ 384 Ziff. 3 und 408 gewähren dem Kunst- und Gewerbegeheimnis Schutz, indem sie die Zeugnispflicht beschränken. Endlich wird der Verrat von Staatsgeheimnissen in den §§ 82 Ziff. 1, 353a Str.G.B. und der Verrat militärischer Geheimnisse durch das Reichsgesetz vom 3. Juli 1893 mit Strafe bedroht.

Die Landesgesetzgebung gewährt, wie dargelegt, keinen direkten civilrechtlichen Schutz gegen den Verrat von Geschäfts-

---

[1]) Vgl. Hälschner St.R. Bd. 2 S. 117, v. Liszt Lehrb. S. 417, Olshausen Komm. n. 1 zu § 300, Frank V zu § 300, Oppenhoff Kom. n. 10, Entsch. der R.G. in Strafsachen Bd. 15 S. 140, wo Art. 418 C.P. für noch gültig erklärt wird, da die Materie des Fabrik- und Industrieschutzes im Strafgesetzbuch nicht berührt sei. Vgl. auch Dammes Erört. Bd. 80 Preuß. Jahrb. S. 67 ff.

und Betriebsgeheimnissen, sie kann keinen strafrechtlichen gewähren. Die zum größten Teile strafrechtlichen Bestimmungen der Reichsgesetze können zwar einzelne Fälle, wie sie die §§ 9, 10 des Gesetzes betreffend unlauteren Wettbewerb im Sinne haben, treffen, doch dienen sie anderen Zwecken als die letztgenannten Paragraphen. Sie können demnach auch nicht als allgemeiner Schutz von Geschäfts- und Betriebsgeheimnissen angesehen werden. Der § 300 Str.G.B. ließ mit seiner ausschließenden Aufzählung der als Täter in Betracht kommenden Personen und bei seinem Zweck, das persönliche und Familienleben zu schützen,[1]) eine Anwendung für das gewerbliche Leben nicht zu. § 299 bedroht nur das „Eröffnen" von Urkunden, die nicht zur Kenntnisnahme des Täters bestimmt sind. Er versagte auf unserem Gebiet, weil nur ein Teil der gewerblichen Geheimnisse schriftlich niedergelegt ist und hier meist in offenen Urkunden, und weil er auch die Mitteilung oder sonstige Verwertung der durch die strafbare Handlung zur Kenntnis gelangten Tatsachen nicht trifft. Ähnlich liegt die Sache in den Fällen, wo Beamte als Verletzer in Frage kommen. Der § 354 Str.G.B. bestraft nur die Eröffnung oder Unterdrückung von Briefen oder Packeten. § 355 Str.G.B., der das Depeschengeheimnis schützt, ist schon umfassender, da er sowohl die Eröffnung und Unterdrückung, als auch die rechtswidrige Benachrichtigung Dritter bedroht.[2]) Ein Ansatz zum Schutze des gewerblichen Geheimnisses läßt sich auch in dem § 422 C.P.O. erkennen. Prinzipiell sind nämlich Handlungsbücher und andere auf den Geschäftsbetrieb bezügliche Urkunden als gemeinschaftliche und damit vorlegungspflichtige Urkunden nicht anzusehen,[3]) sondern nur,

---

[1]) Vgl. v. Liszt Lehrb. § 120 I.

[2]) Die Grundsätze für die Unverletzlichkeit des postalischen Geheimnisses finden sich im § 5 des Postgesetzes von 1871: „Das Briefgeheimnis ist unverletzlich," und § 8 des Gesetzes über das Telegraphenwesen vom 6. April 1892: „Das Telegraphengeheimnis ist unverletzlich". Die in diesen Bestimmungen vorgesehenen Ausnahmen sind durch die §§ 99—101 Strafprozeßordnung und § 121 Reichskonkursordnung festgelegt worden.

[3]) Vgl. Sydow-Busch Civilprozeßordnung zu § 422 Anm. 2.

wenn nach bürgerlichem Recht ihre Herausgabe oder Vorlegung verlangt werden kann, oder auf sie zur Beweisführung Bezug genommen ist.[1]) Zwar gibt § 45 H.G.B. dem Richter die Befugnis, auch in andern Fällen die Vorlegung der Handelsbücher anzuordnen, doch soll, wie die Praxis entschieden hat, der Kaufmann nicht ohne dringenden Grund gezwungen werden, seinen Geschäftsverkehr offen zu legen. Auch § 46 H.G.B. sucht die Offenlegung auf das für den betreffenden Rechtsstreit notwendige Maß zu beschränken.

Das Ziel, diesen Mangel eines ausreichenden Schutzes zu beseitigen, verfolgte eine Bewegung, die Anfang der achtziger Jahre einsetzte, und die trotz mancher Gegenströmung, die sich eigentümlicherweise auch unter denjenigen geltend machte, denen der angestrebte Schutz zu teil werden sollte, zu einem völligen Siege führte. Im Jahre 1883 erschien in Schmollers Jahrbüchern ein Aufsatz von Ortloff, „Zur Bekämpfung des Geheimnisverrats“ überschrieben, in dem ein Zusatzparagraph zu § 300 Str.G.B. vorgeschlagen wurde, um „den eingebüßten und recht sehr vermißten, strafrechtlichen Schutz wiederzuerlangen, der allen in gleicher Lage Befindlichen im ganzen Deutschen Reiche ebenso willkommen sein würde, wie er den auf Verrat spekulierenden und sich mit fremden Federn schmückenden Geheimniskäufern ein Ziel ihres unsauberen Treibens setzen würde“. Ortloff wies auch zuerst darauf hin, daß die hier zu schützenden Geheimnisse Güter seien, in denen die Persönlichkeit sich verkörpert und repräsentiert. Die Frage, die bisher in der Literatur ziemlich vernachlässigt war (Kohler hatte sie mehrfach nebenher in seinem „Autorrecht“ und später im „Markenschutz“ erörtert), fand nun eine lebhafte Besprechung in industriellen Zeitschriften. Demnächst war es der „Verein zur Wahrung der Interessen der chemischen Industrie Deutschlands“, dessen an den Reichskanzler gerichtete Eingabe vom Jahre 1884 die Bitte aussprach, „dahin wirken zu wollen, daß der Industrie gesetzlicher Schutz des geistigen Eigentums

---

[1]) § 423 der Civilprozeßordnung.

[2]) Entscheidung des Reichsgerichts in Civilsachen Bd. 15 S. 380 Bd. 18 S. 24, 25.

an Fabrik- und Geschäftsgeheimnissen baldmöglichst zu teil werde", und die Reichsregierung zum Vorgehen veranlaßte. Diese Eingabe unterschied drei Fälle des Vertrauensmißbrauchs, indem entweder Arbeiter und Beamte eines gewerblichen Unternehmens (Geschäft oder Fabrik), solange sie darin noch angestellt sind, oder Arbeiter und Beamte nach ihrem Ausscheiden aus dem Verbande des Unternehmens oder endlich dritte Personen, welche vermöge ihrer Stellung (wie Baumeister, Ingenieure, Maschinenfabrikanten), oder aus anderem Anlaß von den inneren Verhältnissen des Unternehmens Kenntnis erlangt haben, über die bis dahin geheimgehaltenen Einrichtungen, Geschäftsbeziehungen u. s. w. anderen unbefugt Mitteilung machen. Diese Einteilung wurde als Grundlage für eine Enquête genommen, welche die Reichsregierung durch die einzelnen Bundesstaaten im Jahre 1885 darüber anstellen ließ, ob Mißstände von solcher Schwere und Ausdehnung sich ergeben haben, daß das Einschreiten der Gesetzgebung gerechtfertigt werden kann. Das Resultat dieser Erhebungen ist für die Entstehung der §§ 9, 10 des Gesetzes betr. unlauteren Wettbewerb interessant genug, um es etwas genauer zu referieren. Die zur Äußerung angerufenen Vertretungen des deutschen Handels und die ohne Aufforderung erfolgten Erklärungen wie die des „Vereins deutscher Ingenieure" nahmen einen verschiedenen Standpunkt ein. Die Auffassung wurde, wie Andree treffend bemerkt hat,[1]) durch den Standpunkt, welchen dem einzelnen die Lebensstellung anwies, bis zu einem gewissen Grade beeinflußt. Auffällig ist, daß einzelne der befragten Handelskammern, deren Mitglieder als Inhaber großer Fabrikations- und Handelsgeschäfte unzweifelhaft an dem Geheimnisschutz interessiert waren, sich gegen den Erlaß strafrechtlicher Bestimmungen aussprachen. Ein ferneres Moment, das in die Augen fällt, ist, daß vielfach das Geschäftsgeheimnis von dem Schutze ausgenommen werden sollte, während für einen Schutz des Fabrikgeheimnisses mehr Geneigtheit vorhanden war. So hat die Handelskammer zu Halle die Befürchtung ausgesprochen, der Begriff des Geschäftsgeheimnisses

---

[1]) Verhandl. des 19. Jur.-Tages Bd. 1 S. 71.

könnte zur Geheimniskrämerei erweitert werden.[1]) Die Münchener Handelskammer verhielt sich in ihrem Bescheide wenigstens für die Zeit der Anfrage ablehnend; eine Minderheit in der Kammer wollte mindestens den Verrat von Fabrikgeheimnissen bestraft wissen. Eigentümlich war in diesem Berichte der Hinweis auf die Tatsache, daß auf die Anfrage der Handelskammer nicht das geringste Material zu der Frage aus den von ihr vertretenen Kreisen von Handel, Industrie und Gewerbe eingelaufen war.[2]) Die gleiche auffallende Tatsache ergibt sich aus dem Gutachten der Leipziger Handelskammer. Sie sprach sich für den Schutz von Fabrikgeheimnissen ähnlich demjenigen des oben erwähnten § 72 der sächsischen Gewerbeordnung vom 15. Oktober 1861 aus, wollte dagegen von einem Schutz der Geschäftsgeheimnisse, auch derjenigen der kaufmännischen Leitung einer Fabrik absehen, weil die Grenze zwischen Erlaubtem und Unerlaubtem nicht endgültig festgestellt werden könnte.[3])

Die Ältesten der Berliner Kaufmannschaft sprachen in ihrem Bericht Zweifel daran aus, daß durch ein Strafgesetz allein den Wünschen der Beteiligten abzuhelfen sein würde, und empfahlen eine Ausgestaltung des zivilrechtlichen Schutzes, indem sie auf den § 260 der alten C.P.O. hinwiesen.[4])

Völlig ablehnend verhielt sich der „Verein deutscher Ingenieure“, der in seiner an das Ministerium für Handel und Gewerbe gerichteten Eingabe[5]) vom 18. Oktober 1886 seinen am 24. August 1886 nahezu einstimmig gefaßten Beschluß kundgab, „daß der Erlaß strafrechtlicher Bestimmungen über Verrat von Fabrik- und Geschäftsgeheimnissen sich keineswegs genügend rechtfertigen lasse und zu Übelständen führen würde, welche die Gesamtindustrie schädigen könnten.“[6])

---

[1]) Stegemann a. a. O. Bd. 2 S. 46.

[2]) Stegemann a. a. O. S. 47.

[3]) Stegemann a. a. O. S. 48.

[4]) Verhandl. des 19. Jur.-Tages I S. 123 u. 124.

[5]) Vgl. Zeitschr. d. Ver. deutsch. Ing. XXX S. 824, 950, vgl. aber auch die Gegenerklärung das. S. 897.

[6]) Verhandl. des 19. Jur.-Tags I S. 125.

Dagegen hat die Mannheimer Handelskammer in einer eingehenden Resolution unter dem 19. Mai 1885 die civilrechtliche und kriminalrechtliche Bestrafung der Verletzung von Betriebsgeheimnissen in kommerziellen und industriellen Betrieben befürwortet. Sie hat auch Bestrafung der Teilnahmehandlungen verlangt und ist insofern sehr weit gegangen, als sie die Tatsache, ob der Verat von Betriebsgeheimnissen während oder nach der Dienstzeit geschehen ist, für die Verantwortlichkeit unerheblich sein lassen wollte. Die Handelskammer für Oberbayern empfahl den Erlaß strafrechtlicher Bestimmungen für den Verrat von Fabrikgeheimnissen, einen gesetzlichen Schutz der Geschäftsgeheimnisse erklärte sie dagegen für untunlich.[2]

Die Bewegung veranlaßte den deutschen Juristentag, die Frage, „ob es ratsam ist, das Strafgesetzbuch dahin zu ergänzen, daß der Verrat von Geschäftsgeheimnissen und Fabrikgeheimnissen als Vergehen strafbar ist“, auf die Tagesordnung der 19. Tagung im Jahre 1888 zu setzen.

Der Gutachter, Oberbürgermeister Andree zu Chemnitz, verneinte die Frage, weil eine strafrechtliche Bestimmung nicht so zu treffen sei, daß sie praktisch brauchbar und hinlänglich genau sei; er meinte, daß sie praktisch bedeutungslos werde, wenn man sie so genau fasse, wie es das Strafrecht erfordere; daß sie dagegen die Rechtssicherheit gefährde und die Entwicklung behindere, wenn sie der praktischen Brauchbarkeit entsprechend ausfalle.[3] Drei Bedenken führte Andree hauptsächlich ins Treffen: die Geheimhaltung, die der Patengesetzgebung und dem öffentlichen Nutzen widerspräche, die Schwierigkeit, den Begriff des Fabrik- und Geschäftsgeheimnisses zu formulieren, und die Möglichkeit von Erpressungen gegen Angestellte und von Gewerbetreibenden untereinander.

Im Gegensatz zu diesem Gutachten kam der Juristentag entsprechend dem von Olshausen gestellten Antrage zu einer

---

[1]) a. a. O. S. 110.

[2]) a. a. O. S. 115.

[3]) I a. a. O. S. 84.

bejahenden Antwort und zwar wollte er gemäß einem Amendement des Rechtsanwalts Dr. Katz-Berlin den Verrat unter dem Gesichtspunkte der Untreue bestraft wissen.

Die Frage wurde in den folgenden Jahren lebhaft in vielen industriellen Zeitschriften diskutiert und erfuhr eine weitere Anregung, als das Bestreben sich geltend machte, den unlauteren Wettbewerb allgemein im Wege der Gesetzgebung zu bekämpfen,

Diesem Bestreben diente die am 18. und 19. September 1894 zu Braunschweig abgehaltene Versammlung von Industriellen und Vertretern der Handelskammern. Erster Verhandlungsgegenstand war der Verrat von Betriebsgeheimnissen. Noch einmal trafen hier die unter den Handelskammern herrschenden Gegensätze zusammen — der Vertreter der Handelskammer Halberstadt, Dr. Siewert, sprach sich für civil- und strafrechtlichen Schutz durch den Erlaß eines Spezialgesetzes zum Schutz des gewerblichen Betriebsgeheimnisses aus[1]), während die Handelskammer Halle durch ihren Syndikus Dr. Wermert sich gegen ein solches Gesetz erklärte.[2]) Wie vorausgesehen worden war, stellte sich die Versammlung auf den ersteren Standpunkt und kam zu folgenden Beschlüssen:[3])

1. Der Verrat von Betriebsgeheimnissen, der seiner Natur nach sowohl Fabrikationsgeheimnisse wie Geschäftsgeheimnisse in sich schließt, ist nicht nur civilrechtlich, sondern daneben auch strafrechtlich zu verfolgen, auch hat das Prinzip der Buße Anwendung zu finden.

2. Nicht nur der Verrat in seiner Vollendung, sondern schon der Versuch und die Verleitung hierzu müssen strafbar sein. Demgemäß ist auch nicht nur der eigentliche Verräter, sondern ebenso der Anstifter und der Begünstiger zur Verantwortung zu ziehen; insbesondere muß auch der Anstifter für Schadensersatz und Buße regreßpflichtig gemacht werden.

3. Unter Betriebsgeheimnis ist alles das zu verstehen, was

---

[1]) Stegemann a. a. O. II S. 43.

[2]) Stegemann a. a. O. II S. 62.

[3]) Stegemann II S. 76.

die in einem Betriebe beschäftigten Personen geheimzuhalten verpflichtet worden sind. Was seiner Natur nach nicht als Betriebsgeheimnis gelten kann, soll auch nicht durch dieses Gesetz geschützt werden.

4. Den in einem Betriebe angestellten Personen sind auch solche Personen gleich, die kraft eines besonderen Auftrags als Vertrauenspersonen in die Fabrik Eingang erhalten haben. Personen, die unter falcher Vorspiegelung zum Zwecke der Betriebserkundung sich Zutritt verschaffen, fallen ebenfalls unter die Bestimmungen des Gesetzes, wenn ihnen eine eigennützige Absicht nachgewiesen werden kann.

5. Für den civilrechtlichen Schutz der Geschäfts- und Betriebsgeheimnisse sind die Bestimmungen des I. Entwurfs des B.G.B. §§ 704, 705 wieder herzustellen.

Die Bewegung trat in ein neues Stadium, als bei Gelegenheit der Beratung des Gesetzes zum Schutze der Warenbezeichnungen der Abgeordnete Roeren im Reichstage einen die unlautere Reklame treffenden Paragraphen in dies Gesetz aufzunehmen beantragte. Der Antrag wurde auch angenommen, die ihm entsprechende Bestimmung aber bei der dritten Beratung vom Reichstage gestrichen, da der Staatssekretär Dr. von Bötticher am 16. April 1894 folgende Erklärung abgab.

„Um nun die Herren, welche Wert darauf legen, daß auf dem Gebiete des Warenhandels durch die in § 15b vorgesehene Vorschrift dem unlauteren Wettbewerbe Einhalt getan werde, zu beruhigen, will ich die Zusicherung, die ich schon neulich (sc. am 16. April 1894) abgegeben habe, hiermit wiederholen, daß ich mich ernstlich bemühen werde, bis zur nächsten Sitzung dem Hause einen Gesetzentwurf vorzulegen, der das Gebiet des unlauteren Wettbewerbes behandelt und der darauf abzielt, auf dem ganzen Gebiete unserer Gewerbetätigkeit wieder Treue und Glauben zur Geltung zu bringen."

Die Regierung erfüllte ihr Versprechen rechtzeitig. Das Resultat der Beratungen einer von ihr im Oktober 1894 zusammengerufenen, aus Juristen, Abgeordneten und Gewerbetreibenden bestehenden Versammlung, soweit es hier interessiert, waren folgende Grundzüge eines Entwurfs:

V. „Wer Geschäfts- oder Betriebsgeheimnisse, die ihm als Angestellter, Arbeiter oder Lehrling eines Geschäftsbetriebes vermöge des Dienstverhältnisses anvertraut oder sonst zugänglich geworden sind, vor Ablauf von 5 Jahren seit Beendigung des Dienstverhältnisses zum Zwecke des Wettbewerbes mit jenem Geschäftsbetriebe unbefugt an andere mitteilt oder anderweit verwertet, wird mit Geldstrafe bis zu 3000 M. oder mit Gefängnis bis zu einem Jahre bestraft und ist zum Ersatze des entstandenen Schadens verpflichtet.

VI. Wer es unternimmt, einen anderen zu einer Zuwiderhandlung gegen die Vorschrift unter V zu verleiten, wird mit Geldstrafe bis zu 1500 M. oder Gefängnis bis zu 6 Monaten bestraft und ist zum Ersatze des entstandenen Schadens verpflichtet.“

Diesen beiden Bestimmungen entsprachen die §§ 7, 8 des am 7. Januar 1895 im Reichsanzeiger veröffentlichten Entwurfs eines Gesetzes zur Bekämpfung des unlauteren Wettbewerbs, mit dem Unterschiede, daß die Schutzfrist nach Ablauf des Dienstverhältnisses von 5 auf 2 Jahre herabgemindert wurde. Der Inhalt dieses Entwurfes wurde in Fachzeitschriften, Broschüren und Vorträgen erörtert, besonders eingehend in der Ztschr. f. gewerbl. Rechtsschutz durch Paul Schmid.[1]) Auch der 23. deutsche Juristentag beschäftigte sich mit der Frage. Hauptgegenstand der Erörterungen bildete die Frage nach der Dauer der Schweigepflicht der Angestellten nach Ablauf des Dienstverhältnisses. Unmittelbar vor Eröffnung der Reichstagssession 1894/1895 wurde ein zweiter Entwurf veröffentlicht, dem ein bei der Eröffnung der Session 1895 1896 vorgelegter dritter Entwurf folgte. Die Entwürfe stimmen, was den Schutz des Geschäfts- und Betriebsgeheimnisses anlangt, im wesentlichen überein:

§ 9. „Mit Geldstrafe bis zu 3000 M. oder mit Gefängnis bis zu 1 Jahr wird bestraft,

1. wer als Angestellter, Arbeiter oder Lehrling eines Geschäftsbetriebes Geschäfts- oder Betriebsgeheimnisse, die ihm vermöge des Dienstverhältnisses anvertraut oder sonst zu-

---

[1]) Jahrg. 1895 S. 132, 181, 193.

gänglich geworden sind, während der Geltungsdauer des Dienstvertrages;

2. wer Geschäfts- oder Betriebsgeheimnisse, die ihm als Angestellten, Arbeiter oder Lehrling eines Geschäftsbetriebes gegen die schriftliche, den Gegenstand des Geheimnisses ausdrücklich bezeichnende und für einen bestimmten Zeitraum gegebene Zusicherung der Verschwiegenheit anvertraut worden sind, dieser Zusicherung entgegen nach Ablauf des Dienstvertrages unbefugt an andere zu Zwecken des Wettbewerbes mitteilt.

Gleiche Strafe trifft denjenigen, welcher Geschäfts- und Betriebsgeheimnisse, deren Kenntnis er durch eine der im Abs. 1 unter 1 und 2 bezeichneten Mitteilungen oder durch eine gegen das Gesetz oder die guten Sitten verstoßende eigene Handlung erlangt hat, zu Zwecken des Wettbewerbes unbefugt verwertet oder an andere mitteilt. Zuwiderhandlungen verpflichten außerdem zum Ersatze des entstandenen Schadens. Mehrere Verpflichtete haften als Gesamtschuldner.

§ 10. Wer zum Zwecke des Wettbewerbes unternimmt, einen anderen zu einer unbefugten Mitteilung der im § 9 Abs. 1 unter 1 und 2 bezeichneten Art zu bestimmen, wird mit Geldstrafe bis zu 1500 M. oder mit Gefängnis bis zu 6 Monaten bestraft."

Vom Reichstage wurde der Entwurf einer Kommission von 21 Mitgliedern überwiesen, welche ihn ebenso wie später das Plenum mehrfach abänderte. Nachdem der Passus in § 9 Abs. 1 Ziff. 2 über die schriftliche Zusicherung gestrichen, der subjektive Tatbestand auf die Absicht der Schadenszufügung ausgedehnt, und die Strafe in § 10 auf 2000 M. oder 9 Monate Gefängnis erhöht worden war, wurde die Vorlage in der Sitzung des Reichstages vom 8. Mai 1896 in der Gesamtabstimmung angenommen.

Sucht man nach den Gründen dieser ganzen Bewegung, die Stegemann[1]) dahin charakterisiert, daß sie alle Merkmale elementaren Charakters an sich trage, d. h. daß ihr Ursprung

---

[1]) Bd. II S. 7.

in einem plötzlich zum Durchbruch gelangten Allgemeingefühl zu suchen sei, so wird man wohl zu folgenden Erwägungen kommen. Im voraus ist dabei zu bemerken, daß zum großen Teil dieselben Gründe zu dem Bestreben nach einem Schutze des gewerblichen Geheimnisses und gegen unlauteren Wettbewerb überhaupt führten. Diese letzteren sind den ersteren nur gefolgt und haben sich zuletzt mit ihnen vereinigt. Man suchte eben den Schutz der gewerblichen Arbeit nicht nur auf dem Markte, sondern auch „im eigenen Hause".[1])

Das ältere Gewerbe[2]) hatte eines Schutzes wie des von der eben geschilderten Bewegung angestrebten nicht bedurft. Noch war die Arbeitsteilung sehr wenig entwickelt[3]), die Arten von gewerblicher Arbeit waren tatsächlich beschränkt. Die gewerblichen Verhältnisse waren trotz dem Aufblühen der gewerblichen Arbeit in den Städten sehr einfach und leicht zu übersehen. Die abhängigen Gewerbetreibenden waren infolge der allgemeinen Beschränkungen der Freizügigkeit und der gewerblichen Freizügigkeit insbesondere in dem Wechsel ihrer Arbeitsverhältnisse stark beschränkt. Der Übergang aus einem Beruf in den anderen, ja aus einem Gewerbe in das andere war erschwert, vielfach ganz unmöglich gemacht. Damit war besonders einem Geheimnisverrat, soweit man überhaupt gewerbliche Geheimnisse hatte, die zu verraten sich lohnte, ein Riegel vorgeschoben. Es kam hinzu, daß die Herrschaft des Gewerbetreibenden über bestimmte Kundenkreise, sein ausschließliches Recht, die Erzeugnisse seiner gewerblichen Arbeit dort abzusetzen, eine besonders scharfe Art des Wettbewerbs überflüssig machte. Wo sie sich dennoch geltend machte, da unterdrückte die Zunft mit ihrer straffen Disziplin schnell und leicht solche Bestrebungen.[4])

---

[1]) Siewert bei Stegemann II S. 2.

[2]) Vgl. Neuburg Abschnitt Gewerberecht und Gewerbepolizei S. 89f.

[3]) Als die Arbeitsteilung merklich wuchs, hatten sich auch die Zünfte mit Eingriffen zu beschäftigen. Vgl. Neuburg a. a. O. S. 120.

[4]) vgl. Neuburg a. a. O. S. 110f., 130. So wurden Verbote des Abwendigmachens von Gehülfen erlassen, um eine unrechtmäßige Konkurrenz zwischen den Mitgliedern der Zünfte zu verhindern. Das Verbot wurde entweder speziell aus-

Die oben S. 2 und 3 erwähnten Vorschriften aus dem 18. und 19. Jahrhundert, die den Verrat von gewerblichen Geheimnissen verboten, sind, wie bereits gesagt, nicht Schutzvorschriften für die Gewerbetreibenden des Landes gegeneinander, wie die zit. §§ 9, 10, sondern für das Inland gegen das Ausland. Hier machten sich die wirtschaftlichen Anschauungen ihrer Entstehungszeit geltend. Sie tragen unverkennbar die Züge des Merkantilismus. Daher das Bestreben, die gewerbliche Produktion des Inlandes gegen das Ausland zu schützen. Sie zeigen uns, daß wenigstens die Industrie, wenn auch noch nicht der Handel, solche Fortschritte gemacht hatte, daß es Geheimnisse gab, deren Kenntnis sich für andere lohnte. Es war ein schutzbedürftiges Objekt entstanden.

Als die Schranken, die das ältere Gewerberecht aufgerichtet hatte, mehr und mehr gefallen waren, und auch die Industrie und daneben allmählich der Handel immer zahlreichere Schutzobjekte in diesem Sinne hervorgebracht hatten, da sehen wir auch schon die Partikularrechte an der Arbeit, Schutz zu gewähren, ganz besonders Sachsen mit seiner aufstrebenden Industrie. Auch Hamburg mit seinem starken Handel fehlt nicht.

Um so eigentümlicher war die bereits erörterte Stellung des Reichsstrafgesetzbuchs zu dieser Frage. Denn nunmehr waren einerseits der schutzbedürftigen Objekte immer mehr geworden, andrerseits hatten sich die Formen, in denen sich der Wettbewerb vollzog, völlig verändert und veränderten sich in der Folgezeit immer mehr.

Jetzt nämlich waren die einfachen gewerblichen Verhältnisse sehr kompliziert geworden. Die Arbeitsteilung wurde in großartigem Maßstabe durchgeführt. Die Technik erfand immer neue Hülfsmittel für die Industrie. Damit erweiterte sich aber auch — was für unsere Frage ausschlaggebend ist und worauf

gesprochen, wie bei den Hamburger Armborstern 1548, oder allgemein wie bei den Hamburger Bäckern 1375 durch Verbot des Mietens außer der Zeit. Auch wurden Lohnmaxima festgesetzt, damit nicht ein geschickter Knecht durch höhere Lohnversprechungen in einen andern Dienst gelockt werde. Neuburg S. 131, 132, Anm. 1.

Siewert mit Recht hingewiesen hat[1]) — die Anforderungen an die Ehrlichkeit und Zuverlässigkeit der Angestellten und Arbeiter. Nun war die Kontrolle des Brotherrn über die einzelnen nicht mehr in dem Maße möglich wie ehedem. Große Teile des Arbeitsprozesses mußten ihnen zu selbständiger Behandlung überlassen werden. Auch der Handel hatte, wie später noch beim Begriffe des Geschäftsgeheimnisses nachzuweisen sein wird, Geheimnisse in seinen Betrieben. Denn da es kein Recht auf die Kundschaft mehr gab und das Aufsuchen der Bezugsquellen jedem einzelnen überlassen blieb, mußte es den Gewerbetreibenden wünschenswert erscheinen, die Einzelheiten über den Verkehr mit Lieferanten und Abnehmern vor seinem Konkurrenten zu verbergen.

Wie hatten sich nun die Formen und Verhältnisse gestaltet, in denen sich der Wettbewerb vollzog? Die Antwort gibt der Satz: Wir leben im Zeitalter der freien Konkurrenz.[2]) Was bedeutet das? Der ökonomische Individualismus und Liberalismus hatte auf allen Gebieten die Herrschaft gewonnen. Auf dem uns interessierenden Gebiete war es die Verkündung der Gewerbefreiheit, die den Wettbewerb von den bisherigen Beschränkungen befreite. Die Wirkung dieses Satzes läßt sich nicht besser darstellen, als es Gierke getan hat: „In ungeahnter Weise hat die freie Konkurrenz ihre zugleich schaffende und zerstörende Gewalt enthüllt. Sie weckt schlummernde und spornt erschlaffende Kräfte; sie erhöht die wirtschaftliche Tätigkeit und mehrt den Kulturbesitz. Aber erbarmungslos verschlingt sie ihre eigenen Kinder; in stets wachsender Zahl opfert sie die Schwächeren, um wenige Starke auf den Thron zu heben; sie löst die sittlichen Bande und entfesselt die egoistischen Triebe.“ Es erfolgte auch bald ein Rückschlag. Der Standpunkt des „laisser faire, laisser aller“ wurde vielfach verlassen. Die entgegenstehenden wirtschaftlichen Anschauungen, insbesondere der Sozialismus, suchten der Kontrolle des gewerblichen Wettbewerbs durch den Staat Geltung zu verschaffen.

---

[1]) Stegemann II S. 27.

[2]) Gierke in der Zeitschr. f. gewerbl. Rechtsschutz 1895 S. 109.

Mannigfache Einschränkungen der Gewerbefreiheit waren die Folge. Welcher der wirtschaftlichen Richtungen der Vorzug zu geben ist, das zu erörtern ist hier nicht der Ort. Immerhin ist mit Recht darauf aufmerksam gemacht worden, daß die Bestrebungen zu Gunsten einer weitgehenden Beschränkung der freien Konkurrenz mit Vorsicht aufzunehmen seien.[1])

Einer dieser Bestrebungen entspricht auch das Gesetz vom 27. Mai 1896, insbesondere seine uns hier interessierenden Bestimmungen. Aber diese Reaktion gegen die herrschende wirtschaftliche Anschauung war nicht der einzige Grund, der die Bewegung entfachte. Diese Reaktion richtete sich unmittelbar gegen die Freiheit des Wettbewerbes überhaupt, nur mittelbar gegen die uns hier beschäftigende Form desselben, den unlauteren Wettbewerb, Denn es hatten sich in den immer erbitterter werdenden Konkurrenzkampfe viele gefunden, die zu unehrlichen und unanständigen Mitteln griffen, um den Konkurrenten zu überflügeln. Schuld daran war die immer mehr zunehmende Überproduktion in Gewerbe und Industrie, der die Aufnahmefähigkeit des Marktes nicht zu folgen vermochte. Es wurde Mißbrauch mit der Gewerbefreiheit getrieben. Die genannten Umstände erklären ihn u. E. vollkommen, so daß es eigentlich eines Eingehens auf die Frage, ob die geschäftliche Moral im deutschen Gewerbe gesunken war, nicht bedarf. Schmid bejaht die Frage, weil gerade aus den Bestrebungen gegen den unlauteren Wettbewerb, trotz der zahlreichen wirklichen Verstöße gegen Betriebs- und Geschäftsgeheimnisse[2]), eine größere Empfindlichkeit gegen sie zu schließen sei.[3]) Weit auffallender könnte es erscheinen, daß diese Bestrebungen sich in Deutschland erst so spät eingestellt haben, trotzdem der wirtschaftliche Kampf schon längst in der Wahl seiner Mittel skrupellos geworden war. Stegemann[4]) gibt uns dafür eine treffende Erklärung. Die Schuld trifft nach

---

[1]) Verhandl. des 23. Jur.-Tages Bd. I S. 227, Rosenthal im 1. Supplementband des Handwörterb. f. Staatswissenschaften S. 870.

[2]) a. a. O. S. 258.

[3]) Vgl. die Zusammenstellung von Stegemann in Bd. I und II S. 8.

[4]) II S. 7.

seiner Ansicht die lange Zeit der Unfertigkeit und Unselbständigkeit, die der damaligen kraft- und zielbewußten Bewegung des deutschen Gewerbes vorangegangen war. Dabei hatte sich das in anderen Staaten schon stärker entwickelte moralische Gemeingefühl nicht so leicht zu der für den Selbstreinigungsprozeß nötigen Kraft herausarbeiten können.

Ein weiterer Grund für die Bewegung, insbesondere bei den Bestrebungen zu Gunsten des Betriebs- und Geschäftsgeheimnisses war der Umstand, daß die Gesetzgebung zum Schutze des „geistigen Eigentums", wie die Verfassung sich ausdrückt, in Fluß gekommen war. Es war überall das Bestreben zu erkennen, geistige und gewerbliche Arbeit zu schützen. „Schon hatte eine umfassende Gesetzgebung einzelne wohlerworbene Bestandteile der gewerblichen Betriebe, indem sie aus ihnen besonders geschützte Rechte formte, dem freien Wettbewerbe entzogen[1])". Als man dies erreicht hatte, entdeckte man die Lücken, die sie besonders auf dem Gebiet des Geheimnisschutzes aufwies. So begegnen wir besonders bei den Erörterungen um den Schutz der technischen Geheimnisse in der chemischen und Maschinenindustrie diesen Gedanken. Jetzt verlangte man Ausdehnung des Schutzes und Ausfüllung der Lücken.

Den unmittelbaren Anstoß zu der Bewegung gab dann die Revision des Markenschutzgesetzes vom 30. November 1874.[2]) Die weitere Entwicklung kennen wir bereits. So stark war die Bewegung ganz besonders zu Gunsten des Schutzes von Betriebs- und Geschäftsgeheimnissen, daß sie die zahlreichen Bedenken auf diesem umstrittensten der Gebiete des unlauteren Wettbewerbs aus dem Wege räumte und so in Wahrheit die ihr von Stegemann nachgerühmte „elementare Kraft" bekundete.

---

[1]) Gierke Zeitschr. S. 110.

[2]) Stegemann II S. 8.

II. Der Begriff des Geschäfts- und Betriebsgeheimnisses.

Selten hat wohl ein Begriff in einer strafrechtlichen Materie, die schon als solche eine besonders scharfe Begrenzung und feste Greifbarkeit der Begriffe verlangt, so viele Bedenken während der legislativen Ausarbeitung hervorgerufen, wie der Begriff des Geschäfts- und Betriebsgeheimnisses. Trotzdem ist der Erfolg aller der Bemühungen, ihn zu begrenzen und greifbar zu gestalten, außerordentlich gering gewesen. Denn keine einzige der einschlägigen Bestimmungen, sei es, daß sie den Ausdruck Betriebs- und Geschäftsgeheimnis, sei es, daß sie ähnliche Ausdrücke enthalten, gibt eine Definition. Der Gesetzestext sagt uns weder, was ein Geheimnis ist, noch insbesondere, was ein Geschäfts- oder ein Betriebsgeheimnis ist, obgleich gerade der hier am meisten interessierende § 9 des Gesetzes vom 27. Mai 1897 Geschäfts- und Betriebsgeheimnisse unterscheidet. Gerade hierüber ist die Diskussion am lebhaftesten gewesen, und das Resultat? „Der Begriff ist dem Sprachgebrauch des täglichen Lebens wie auch der Gesetzessprache ohnehin geläufig“, so sagt die Begründung zum Entwurf des Gesetzes.[1]) Der Gesetzgeber hat eine Definition nicht für notwendig erachtet, und auch wegen der Schwierigkeit einer zufriedenstellenden Begriffsfeststellung es auch nicht für ratsam gehalten, dem Richter in der Würdigung des einzelnen Falles Schranken zu setzen.[2])

Auch die Partikularrechte haben es unterlassen, eine Definition des Begriffes des Geschäfts- und Betriebsgeheimnisses zu geben. Vielleicht gingen deshalb auch die ersten Erörterungen, die sich um den Schutz von Geschäfts- und Betriebsgeheimnis drehten, über diese Frage hinweg. Zuerst hat

[1]) Nr. 35 der Drucksachen des Reichstages. 9. Legislaturp. IV. Session 1895/6 S. 2.

[2]) Nr. 35 der Drucksachen des Reichstages. 9. Legislaturp. IV. Session 1895/6 S. 2.

Andree auf dem 19. deutschen Juristentage den Begriff etwas näher betrachtet und ihm mit Rücksicht sowohl auf das Fabrik- wie auf das Geschäftsgeheimnis die strafrechtliche Greifbarkeit abgesprochen.[1]) Eine so schroff ablehnende Auffassung ist seitdem nie wieder zu Tage getreten. Immerhin wurden Bedenken geäußert. Sie lassen sich etwa so zusammenfassen: Am schärfsten wurde der Begriff des Geschäftsgeheimnisses bestritten. Während sich die meisten anscheinend darüber einig waren, daß es ein Fabrikgeheimnis, das sich mit dem „Betriebsgeheimnis" des § 9 decken sollte" gäbe (beide Ausdrücke werden wahllos nebeneinander gebraucht), fanden sich einige, die meinten, daß es überhaupt keine kaufmännischen Geheimnisse gäbe;[2]) andere bestritten zwar nicht ihr Vorkommen, hielten sie aber nicht für schutzbedürftig, mindestens nicht für so schutzbedürftig, wie die Betriebsgeheimnisse.[3]) Schließlich wurde die Möglichkeit, eine Grenzlinie zu ziehen, zwischen dem, was geheimzuhalten sei und dem, was offenbart werden dürfe, bestritten, dann auch auf die Schwierigkeit, Geschäfts- und Betriebsgeheimnisse abzugrenzen, hingewiesen. An diesen Gedanken hat der Gesetzgeber angeknüpft, allerdings, um zu dem entgegengesetzten Resultat zu gelangen, wie derjenige, der die Bedenken geäußert hat. Er hat dies als einen der Gründe angeführt, aus denen auch das Geschäftsgeheimnis geschützt wurde.[4])

Forscht man nach, welcher Ausdrücke sich die Reichsgesetze bedienen, um ein gewerbliches Geheimnis zu bezeichnen, so findet man eine Terminologie, die nicht sehr scharf unterscheidet. Die Versicherungsgesetze sprechen zunächst von der Offenbarung von Betriebsgeheimnissen und unterscheiden

---

[1]) Verhandl. des 19. Jur.-Tages S. 73 (Andrees Gutachten), Freudenstein in Goltdammers Archiv Bd. 32 S. 265 ff. III.

[2]) Insbesondere für den kaufmännischen Großhandel wurde ihr Vorkommen bestritten.

[3]) Vgl. Wermert bei Stegemann II S. 48.

[4]) Begr. S. 12 „Eine Aussonderung der Geschäftsgeheimnisse würde praktisch undurchführbar sein, weil für manche Verkehrszweige die Grenzlinie zwischen der auf Herstellung und der auf den Vertrieb von Waren gerichteten Tätigkeit nicht mit Sicherheit festgestellt werden könne."

sodann in einer besonderen Strafbestimmung Betriebsgeheimnisse einerseits und geheim gehaltene Betriebseinrichtungen oder Betriebsweisen, solange als diese Betriebsgeheimnisse sind, andererseits. Das Reichsgesetz vom 15. Juni 1897, betreffend den Verkehr mit Ersatzmitteln für Butter und das Weingesetz, unterscheiden ebenso. Der § 139b der Gewerbeordnung verpflichtet gewisse Beamte zur Geheimhaltung der amtlich zu ihrer Kenntnis gelangenden Geschäfts- und Betriebsverhältnisse. Die Partikulargesetze unterschieden meist Fabrikgeheimnisse und Geheimnisse eines Handelsgeschäfts.

Ähnlich unterschied der 19. Juristen-Tag Fabrik- und Geschäftsgeheimnisse. In den Äußerungen der Handelskammern schwankt die Terminologie. Es wird von Fabrik-, Betriebs-, technischen und andererseits von kaufmännischen, kommerziellen, geschäftlichen Geheimnissen gesprochen.

Das Gesetz von 1897 stellt im § 9 nebeneinander die Bezeichnungen „Geschäftsbetrieb“ und „Geschäfts- oder Betriebsgeheimnis“, unterscheidet also offenbar „Geschäft“ und „Betrieb“ und spricht dennoch wieder in den §§ 6, 7 vom „Betriebe des Geschäfts“, macht also den Begriff des „Geschäftes“ von dem des „Betriebes“ im Genetiv abhängig, obgleich es ihn an anderer Stelle in den Gegensatz gestellt hat. Es begeht die zweite Inkonsequenz, indem es in den §§ 6, 7 den Begriff des „Geschäftsbetriebes“ sowohl für Fabrikations- als auch für Handelsgeschäfte gebraucht.

Danach scheint es fast unmöglich, wenigstens für das Gesetz vom 27. Mai 1896, zu bestimmen, worin Geschäfts- und Betriebsgeheimnisse sich begrifflich unterscheiden, abgesehen schon von dem Versuch, diese beiden Begriffe auf der einen Seite gegen die „Betriebseinrichtung und „Betriebsweisen“ auf der anderen Seite abzugrenzen. Die Begründung zum Entwurf des Gesetzes weist die Auslegung auf den Sprachgebrauch des täglichen Lebens und auf die Sprache früherer Gesetze hin, von denen sie die §§ 92, 300 Str.G.B., die §§ 107, 108 des Unfallversicherungsgesetzes vom 16. Juli 1884 und § 349 Ziffer 3 C.P.O. anführt. Der § 92 cit. handelt von Staatsgeheimnissen, der § 300 von Privatgeheimnissen, der § 349 von „Kunst- und

Gewerbegeheimnissen", die §§ 107, 108 sind bereits oben genannt.

Diese Handhaben werden wir nicht außer acht lassen dürfen.

Was zunächst den Begriff des Geheimnisses überhaupt anlangt, so hat man darunter Tatsachen und Vorgänge zu verstehen, die der Allgemeinheit unbekannt sind. Jede Tatsache und jeder Vorgang ist an sich geeignet, Gegenstand des Geheimnisses zu sein. Aber von dieser Eignung zum Geheimsein und Geheimgehaltenwerden unterscheidet sich die Eigenschaft, Geheimnis zu sein. Diese Eigenschaft wohnt keinem Gegenstande an und für sich inne. Es müssen vielmehr sowohl nach der objektiven wie nach der subjektiven Seite hin gewisse Voraussetzungen erfüllt sein. Wichtigstes Erfordernis ist hier nach der objektiven Seite das Geheimsein, die tatsächliche Ausschließlichkeit oder negativ ausgedrückt, der Mangel der Offenkundigkeit. Haupterfordernis nach der subjektiven Seite ist der irgendwie ersichtliche Wille des Geheimnisbewahrers, einen Gegenstand geheim zu halten. Allgemein wird dieser Wille seine Grenze nur in der Möglichkeit der Geheimhaltung finden, denn selbst der Gedanke in meinem Kopfe ist nicht immer geheimzuhalten — er kann dem scharfen Beobachter aus meinen Mienen ersichtlich sein, wie sehr ich ihn auch verbergen will. Schon hier zeigt sich eine der Grenzen des Geschäfts- und Betriebsgeheimnisses als in der Persönlichkeit des Inhabers wohnend — ein Moment, auf das zurückzukommen sein wird.

So allgemein allerdings, wie es hier eben geschehen ist, wird der Begriff des Geheimnisses namentlich im Strafrecht nicht aktuell werden können. Er gewinnt erst Leben, sobald eine Beziehung zu enger begrenzten Kreisen hergestellt ist.[1]) So erhalten wir den Begriff des Privatgeheimnisses, des Staatsgeheimnisses, des militärischen Geheimnisses, des Briefgeheimnisses, des Kunst- und Gewerbegeheimnisses. Unter ihnen wird uns der Begriff des Privatgeheimnisses, wie ihn § 300 Str.G.B.

---

[1]) Finger Kom. S. 252.

gebraucht, am meisten interessieren, denn auf ihn weisen uns die Materialien zum Gesetz vom 27. Mai 1896 vor allem hin, und im Anfange der Bewegung zum Schutze des Geschäfts- und Betriebsgeheimnisses war ja daran gedacht und in Vorschlag gebracht worden, diesen Schutz durch eine Zusatzbestimmung zu § 300 cit. zu bewirken.

Obgleich das Gesetz auch hier keine Begriffsbestimmung gibt, ist es der Doktrin sowohl wie der Praxis nicht schwer gewesen, das, was als Privatgeheimnis anzusehen sei, festzulegen. Denn hier schwankt das Gesetz wenigstens nicht in der Terminologie. Allgemein werden als Privatgeheimnisse diejenigen Tatsachen des Privatlebens bezeichnet, an deren Geheimhaltung derjenige, den sie betreffen, ein Interesse hat, und es wird Mangel der Offenkundigkeit verlangt. Hier finden wir eine neue Voraussetzung nach der subjektiven Seite, die des Interesses, die für unsere Aufgabe zu verwerten und nur noch schärfer nach der vermögensrechtlichen Seite auszuprägen sein wird. Der § 300 zieht dann eine weitere Grenze durch den Relativsatz, „die — sind“, eine Grenze, die aber außerhalb des Begriffes der Geheimnisse und insbesondere der Privatgeheimnisse liegt. Auch über den Begriff der Staatsgeheimnisse sind keine Zweifel vorhanden. Der den cit. § 92 ausdehnende § 1 („Wer vorsätzlich Schriften, Zeichnungen oder andere Gegenstände, deren Geheimhaltung im Interesse der Landesverteidigung erforderlich ist, in den Besitz oder zur Kenntnis eines anderen gelangen läßt, wird u. s. w.“) des Gesetzes gegen den Verrat militärischer Geheimnisse vom 3. Juli 1893 nimmt den Ausdruck „militärisches Geheimnis“ garnicht auf, sondern konkretisiert das, was Gegenstand des Geheimnisses sein soll. Er zieht sogar dessen Grenzen innerhalb des Begriffes des Geheimnisses selbst durch den Relativsatz „deren — erforderlich ist“ enger. Hier haben wir das, was aus § 300 erst herausgelesen werden muß, ausdrücklich zum Tatbestandsmerkmal erhoben.

Auch unserem Ziele wird wohl näher zu kommen sein, wenn wir zunächst den Oberbegriff für die Geschäfts- und Betriebsgeheimnisse feststellen, durch den sie in Gegensatz zu den genannten Arten der Geheimnisse treten. Wir haben es hier nur mit dem gewerblichen Geheimnis zu tun. Die Absicht bei der Herstellung des Gesetzes war, wie die Erklärungen der Regierungsvertreter, die Verhandlungen der Kommission und die Materialien zum Gesetz ergeben,[1]) auf den Schutz der Gewerbetätigkeit gerichtet. Darunter ist jede auf Erwerb gerichtete Tätigkeit zu verstehen. In den Beratungen wird ausdrücklich hervorgehoben, daß das Wort „gewerblich" nicht im Sinne der Gewerbeordnung, sondern im Sinne des täglichen Lebens zu verstehen sei.

Dies gilt für alle im Gesetz geregelten Fälle des unlauteren Wettbewerbs. Aber dort wie ganz besonders für den § 9 wird der Begriff eine Einschränkung erfahren müssen. Denn es wird ein Eingriff in einen „Geschäftsbetrieb" verlangt. Man wird daher eine dauernde auf Erwerb abzielende Tätigkeit verlangen müssen. Dabei wird es gleichgültig sein, ob diese Tätigkeit auf dem Gebiete der Produktion, der Fabrikation, also der Herstellung von Gütern, oder auf dem Gebiete des Güterumsatzes, des Handels liegt. Aber die Erklärung des Begriffes des Geschäftsbetriebes liefert uns eine Aufklärung über den Unterschied zwischen Geschäfts- und Betriebsgeheimnis nicht.

Bevor dieser Unterschied untersucht wird, dürfte es nötig sein, darzulegen, welches die Eigenschaften sind, die Geschäftsgeheimnis und Betriebsgeheimnis gemeinsam haben. Auch sie lassen sich wie bei dem Begriff des Geheimnisses überhaupt in zwei Arten zerlegen, objektive und subjektive.

Was zunächst die objektiven Erfordernisse anlangt, so wird wie bei dem Geheimnis überhaupt eine Ausschließlichkeit des geheim zu haltenden Gegenstandes verlangt werden müssen. Das Geheimnis muß einem oder mehreren ausschließlich gehören.[2]) Nun schließt aber nicht jede Verallgemeinerung den Begriff aus. Der Gegensatz zum Geheimsein ist offenkundig sein. Wann ist eine Tatsache oder ein Vorgang offenkundig? Schmid[3]) will den Begriff der Offenkundigkeit aus § 2 des

---

[1]) Vgl. Schmid Komm. S. 277.

[2]) Freudenstein S. 265 ff.

[3]) S. 345.

Patentgesetzes heranziehen. Das kann nur zum Teil gerechtfertigt erscheinen, da der § 2 cit. eine bestimmte Art der Offenkundigkeit verlangt.[1]) Es wird allgemein anerkannt und ist schon vom Reichsgericht für den Begriff des Privatgeheimnisses in mehreren Entscheidungen[2]) anerkannt worden, daß ein absolutes Geheimsein nicht erforderlich ist. Vielfach wird aber zu Unrecht betont, daß die Zahl der um das Geheimnis wissenden Personen eine bestimmte sein muß. Eine solche Bestimmtheit ist nicht möglich mit Rücksicht darauf, daß die Personen, die Mitbewahrer des Geheimnisses sein können, innerhalb eines Geschäftsbetriebes oft wechseln, man denke z. B. an einen großen Fabrikbetrieb. Man wird zur Erläuterung vielleicht den Begriff der Öffentlichkeit heranziehen dürfen, wie ihn das R.Str.G.B. in § 110 z. B. gebraucht, obgleich er sich nicht mit dem Begriff der Offenkundigkeit deckt. Das Reichsgericht hat in ständiger Praxis[3]) „öffentlich" als „von unbestimmt welchen und wie vielen Personen wahrnehmbar" definiert. Es hält ferner etwas für öffentlich, wenn es innerhalb eines durch Beruf und Interessen abgegrenzten Personenkreises wahrnehmbar ist, wenn die so begründeten Beziehungen nicht solche sind, daß die Beteiligten dadurch in näherer Verbindung stehen. Das R.G. bezeichnet gelegentlich den „vertrauten Kreis" als Gegensatz zur Öffentlichkeit. Somit wäre ein Gegenstand dann nicht mehr geheim, sondern öffentlich bekannt, wenn er den Angehörigen eines Geschäftsbetriebes wahrnehmbar wäre, falls man nicht die Beziehungen derselben als „nähere" bezeichnet, denn durch Beruf und Interesse ist auch ihr Kreis abgegrenzt. Nun ist allerdings, wie bereits bemerkt, der Begriff der Öffentlichkeit und derjenige der Offenkundigkeit nicht derselbe. Der Gegenstand ist öffentlich bekannt, wenn er unbestimmt welchen und

---

[1]) „Eine Erfindung gilt nicht als neu, wenn sie zur Zeit der auf Grund dieses Gesetzes erfolgten Anmeldung in öffentlichen Druckschriften aus den letzten hundert Jahren bereits derart beschrieben oder im Inlande bereits so offenkundig benutzt ist, daß danach die Benutzung durch andere Sachverständige möglich scheint."

[2]) Entsch. des R.G. in Str.S. Bd. 13 S. 60, Bd. 26 S. 5.

[3]) Entsch. des R.G. in Str.S. Bd. 21 S. 254, Bd. 22 S. 241 Bd. 15 S. 274 Rechtsprechung Bd. 9 S. 134.

unbestimmt wie vielen bekannt ist; er kann aber schon offenkundig sein, wenn er einer bestimmten Klasse und einer bestimmten Anzahl von Menschen bekannt ist. Man wird immerhin die Eigenschaft der Ausschließlichkeit dahin auffassen können, daß zwar nicht absolute Ausschließlichkeit erforderlich ist, daß aber der Kreis der Personen, denen ein Gegenstand bekannt ist, einmal durch Beruf — in dem gleichzeitig meist die rechtliche oder moralische Verpflichtung zur Geheimhaltung liegen wird — sodann durch Interessen begrenzt sein muß, so aber, daß die Beteiligten zueinander in näherer Verbindung stehen. Diese Verbindung ist ohne weiteres innerhalb des Geschäftsbetriebes durch das gemeinsame Band der Zugehörigkeit zu diesem Betriebe gegeben. Ist ein geheimgehaltener Gegenstand einem oder mehreren am Geschäftsbetriebe nicht Beteiligten bekannt, so wird man zwischen ihnen und dem Geschäftsherrn eine solche nähere Verbindung verlangen müssen. Man wird kurz diese Verbindung so charakterisieren können, das man alle diese Teilhaber am Geheimnisse als die zu seiner Kenntnis Berufenen bezeichnet.[1]) Insoweit, aber auch nur insoweit, wird die Begrenzung hier Sache des einzelnen Falles sein, während im übrigen die oben entwickelten Grundsätze allgemeine Geltung haben werden.

Zum Begriffe des Geschäfts- und Betriebsgeheimnisses wird sodann eine gewisse Neuheit des geheimgehaltenen Gegenstandes zu erfordern sein. Ihr Vorhandensein wird häufig mit dem Vorhandensein der Ausschließlichkeit zusammenfallen. Auch hier wird die Offenkundigkeit dem Begriffe entgegen sein. Es wird aber der Begriff nicht dadurch aufgehoben, daß es sich um einen schon dagewesenen Gegenstand handelt, wofern er nur nicht in dem oben dargelegten Sinne bekannt ist.[2])

---

[1]) Ein interessantes Beispiel führt Hancke im Arch. f. öffentl. R. Bd. 4 S. 481 an. Er weist darauf hin, daß Losung und Parole Tausenden von Soldaten bekannt sind und dennoch durch ihre Mitteilung Verrat begangen werden kann.

[2]) Es ist gleichgültig, ob das Geheimnis auf Erfindung oder Entdeckung beruht. Vgl. die Entsch. des R.G. in der Zeitschr. für unlauteren Wettbewerb 1901 Heft No. 3.

Schon in den Vorbesprechungen zu den §§ 9, 10 des Gesetzes vom 24. Mai 1896 war stets als Grund für den Schutz der Geschäfts- und Betriebsgeheimnisse angeführt worden, daß viele Geschäftsbetriebe Eigentümlichkeiten und Besonderheiten hätten, auf denen gerade ihr geschäftlicher Erfolg beruhe und die deshalb schutzbedürftig erscheinen. Man wird auch dieses Erfordernis für den Begriff aufzustellen haben. In diesem Merkmal liegt auch ein Schutzmittel für die im § 9 genannten Angestellten gegen die von ihnen gefürchtete Erschwerung ihres Fortkommens. Nur das, was Bestandteil der Individualität dieses Geschäftsbetriebes ist (vgl. den nächsten Abschnitt), kann als Geheimnis gelten, nicht dasjenige, was in gleichen oder ähnlichen Betrieben in derselben Weise zu finden ist. Kenntnisse und Erfahrungen dieser Art darf der Angestellte ungehindert in jeder Weise verwerten. Die Grenze wird auch hier oft schwer zu finden sein, denn sie liegt oft im Urteile des Angestellten.

Was sodann die subjektive Seite anlangt, so wird, die Eignung des Gegenstandes zur Geheimhaltung vorausgesetzt, zunächst der Wille des Inhabers des Geschäftsbetriebes in Betracht kommen. Hier wird der für jede Willensäußerung geltende Grundsatz Anwendung finden, daß die Erklärung ausdrücklich oder durch konkludente Handlungen erfolgen kann. Wie schon von Hippe[1]) für den Begriff des Privatgeheimnisses ausgeführt worden ist, muß man hier dem Inhaber des Geheimnisses ein Bestimmungsrecht zugestehen. Eine irgendwie geartete Willensäußerung wird man aber verlangen müssen, da „keinen Schutz verdient, wer so wenig Interesse an der Geheimhaltung hat, daß er nicht einmal Mitteilung seines Wunsches macht“. Man wird jedoch in dem Urteil über den Inhalt dieser Willenserklärung nicht so rigoros sein können, zu fordern, daß sie sich auf einzelne bestimmt bezeichnete Gegenstände richten muß.[2]) Es wird auch eine allgemeine Bezeichnung genügen, wenn sie nur für den sachkundigen Angestellten genügend deutlich ist.

---

[1]) Goldt. Arch. Bd. 46 S. 263 ff.

[2]) a. M. Schmid a. a. O. S. 346.

Natürlich kann der Inhaber des Geschäftsbetriebs, worauf Reuling mit Recht hinweist, diese Schweigepflicht nicht für das ganze Personal einheitlich regeln. Der Unterschied zwischen den für höhere Dienste und den für handwerksmäßige Tätigkeit Angestellten wird sich geltend machen.

Es ist selbstverständlich, daß dieser Wille des Inhabers des Geschäftsbetriebes feste Grenzen haben muß, ganz besonders da hier auch strafrechtliche Bestimmungen in Frage kommen. Der Angestellte muß wissen, was sein Prinzipal als geheim ansieht. Drei Merkmale lassen sich hier für die Begrenzung aufstellen: das eine liegt in dem Urteil des Angestellten selbst, das andere in der Möglichkeit der Geheimhaltung, das dritte darin, daß ein Interesse des Prinzipals an der Geheimhaltung des betreffenden Gegenstandes vorhanden sein muß. Die wichtigste Begrenzung ist die zweite. Was tatsächlich, d. h. objektiv genommen, kein Geheimnis ist, kann der Wille des Inhabers des Geschäftsbetriebes nicht zum Geheimnis machen. Läßt er sich von seinem Angestellten die Geheimhaltung eines solchen Gegenstandes zusichern oder schärft er sie ihm ein, so wird er im Wege des Vertrages civilrechtliche Folgen festsetzen müssen. Das Strafrecht reagiert darauf nicht. Es wäre auch ganz undenkbar, den am Schutze Interessierten gleichsam zum Urteiler über ein wichtiges Tatbestandsmerkmal zu machen. Das Geheimsein muß objektiv vorhanden und auch möglich sein. Nun ist es allerdings nicht immer angängig, selbst wo der Wille des Geschäftsinhabers ein wirklich vorhandenes Geheimnis zu schützen sucht, diesen Willen auch erklären zu können. In einem Fabrikationsgeschäft wird die Schwierigkeit in dem Unterschiede zwischen der Tätigkeit der einzelnen Angestellten, in einem Handelsgeschäfte in der großen Zahl und dem raschen Wechsel der geheimzuhaltenden Tatsachen und Vorgänge liegen. Insofern tritt nun erweiternd das Urteil des Angestellten hinzu. Es begrenzt aber auch wiederum, da der Angestellte dadurch im stande gewesen sein muß, zu erkennen, ob ein Gegenstand geheimgehalten wird. Das Urteil des Angestellten erweitert, weil aus den Tatbestandsmerkmalen des § 9 („oder sonst zugänglich geworden sind") sich ergibt, daß nicht immer eine Willenserklärung, daß ein Gegenstand geheimzuhalten sei, erforderlich ist, sondern auch einzelne Umstände einen Gegenstand als einen geheimzuhaltenden erscheinen lassen. Hier wird die Willensentscheidung des Prinzipals durch die auf dem Verantwortlichkeitsbewußtsein des Angestellten beruhende Willensentscheidung dieses selbst ersetzt. Dies wird ganz besonders praktisch bei denjenigen Geheimnissen werden, von denen ein Angestellter außerhalb des Kreises seiner Obliegenheiten erfährt. Denn innerhalb dieses Kreises wird sich der Prinzipal durch besondere Willenserklärung, durch „Anvertrauen" des Geheimnisses schützen können.[1])

Ähnlich steht es in den Bestimmungen der Versicherungsgesetze, im § 145a Gewerbeordnung § 15 des Margarinegesetzes und § 12 des Weingesetzes durch den dort gemachten Zusatz „die kraft ihres Amtes oder Auftrags bezw. durch die Aufsicht zu ihrer Kenntnis gelangt sind". Hier ist es völlig dem Urteil der Beamten überlassen, die Geheimnisqualität zu erkennen. Dieses Urteil wird, wie erwartet werden muß, ebenfalls von ihrem Verantwortlichkeitsbewußtsein geleitet und, wo die Unterscheidung zwischen Geheimgehaltenem und Offenkundigem nicht deutlich erkennbar ist, in der Richtung zu Gunsten des Betriebsunternehmers beeinflußt werden. Wo der Beamte im Zweifel ist, muß er schweigen.

Die dritte Grenze findet die Willkür des Prinzipals in dem Umstande, daß ein Interesse an der Geheimhaltung verlangt wird, wie dies schon beim Begriffe des Privatgeheimnisses fast übereinstimmend geschehen ist.[2]) Dort handelt es sich um

---

[1]) Auch hier ist das, was Hippe für den Begriff des Privatgeheimnisses ausgeführt hat, zu verwerten. Er sagt, daß dasjenige, was ohne ausdrückliche Bezeichnung als Privatgeheimnis anzusehen sei, dem Ermessen des Arztes überlassen bleibe müsse, der sich von der Erwägung leiten lassen werde, ob der Anvertrauende ein Interesse an der Geheimhaltung habe. Im § 9 zit. wird das Urteil darüber allerdings in das Ermessen von Angestellten, Arbeitern und Lehrlingen gestellt.

[2]) Vgl. Liszt Lehrb. § 120, Stenglein Rechtlexikon S. 1187, Olshausen Komm. Anm. 2 zu § 300 Str.G.B., Entsch. der R.G. in Str.S. Bd. 13 S. 60.

Tatsachen des Privatlebens. Daher muß ein persönliches Interesse an der Geheimhaltung vorliegen. Hier steht man, wie oben ausgeführt, auf dem Boden des gewerblichen Schutzes. Deshalb wird das Interesse dann immer gegeben sein, wenn das Bekanntwerden geeignet ist, den Inhaber des Geheimnisses in seiner Wettbewerbstätigkeit zu schädigen. Das Interesse wird der rein subjektiven Beurteilung des Prinzipals unterliegen; es findet seine objektive Begrenzung ebenso wie das Bestimmungsrecht in dem Umstande, daß nur das objektiv Geheime als geeigneter Gegenstand des Interesses in Frage kommen kann. Das Interesse wird ein vermögensrechtliches sein können, doch auch das Interesse an der Urheberschaft[1]) wird, wie im Patentrecht dasjenige an Erfinderruhm und Erfinderehre, genügen. Erforderlich ist nur, daß dieses Interesse innerhalb des Rahmens des Geschäftsbetriebs vorhanden ist, dem das Geheimnis dient.

Nachdem so die Eigenschaften festgestellt sind, die Geschäfts- und Betriebsgeheimnis besitzen müssen, um als solche zu gelten, wird man sich mit den Unterschieden zwischen Geschäfts- und Betriebsgeheimnis, geheimgehaltenen Betriebseinrichtungen und Betriebsweisen abzufinden haben. In der Begründung[2]) zum Gesetze vom 27. Mai 1896 wird ausgeführt, daß als Betriebsgeheimnis die Geheimnisse industrieller Unternehmungen[3]) die sich mit der Herstellung von Waren oder gewerblichen Leistungen befassen, dagegen als Geschäftsgeheimnis die, welche sich auf die den Vertrieb von Waren oder die Verwertung von gewerblichen Leistungen bezweckende, also die kaufmännische Tätigkeit beziehen. Es wird dann weiter gesagt, daß die Grenzlinie zwischen der auf die Herstellung und der auf den Vertrieb von Waren oder gewerblichen Leistungen gerichteten Tätigkeit nicht mit Sicherheit festgestellt und daher lediglich nach den Umständen des einzelnen Falles entschieden

---

[1]) Vgl. Freudenstein a. a. O. S. 268, zu eng Finger Komm. S. 252, der nur das finanzielle Interesse gelten lassen will.

[2]) S. 12.

[3]) Die Größe dieser Unternehmungen ist für den Begriff des Geschäftsgeheimnisses gleichgültig. Auch in einem handwerksmäßigen Betriebe können sie vorkommen. Vgl. Finger Komm. S. 253.

werden kann. Man hat — ohne eine Definition jedes einzelnen dieser Begriffe geben zu können — einen begrifflichen Unterschied darin gefunden,[1]) daß man einen Teil der hinter dem Betriebsgeheimnis stehenden Rechtsschutzobjekte, nämlich die reinen Fabrikgeheimnisse, als zum geistigen Besitz bestimmter Personen gehörige, sog. immaterielle Rechtsgüter ansah, während man dem Geschäftsgeheimnis die Fähigkeit, besonderes Rechtsschutzobjekt sein zu können, absprach. Ist es aber richtig, daß eine Grenzlinie zwischen Geschäfts- und Betriebsgeheimnis zu ziehen nicht möglich ist, dann mußte umsomehr auch diese Unterscheidung im Ausdruck vom Gesetze vermieden werden, zumal in dem Umstande, daß beide in gleicher Weise geschützt werden sollten, ein Zugeständnis des Gesetzgebers lag, daß eine gemeinsame Bezeichnung möglich war. Diese hätte dann lauten müssen: die gewerblichen Geheimnisse eines Geschäftsbetriebs.

Reuling unterscheidet dahin, daß es sich bei den Geschäftsgeheimnissen um geheimgehaltene geschäftliche Vorgänge und Ereignisse und bei den Betriebsgeheimnissen um persönliche Qualitäten, nämlich den geistigen Besitz und das dadurch bedingte Können bestimmter Personen handelt. Diejenigen Personen, die diese Wissenschaft und dieses Können innehaben, sind innerhalb des betreffenden Arbeitsfeldes leistungsfähiger als diejenigen Personen, denen sie fehlen. Diese Unterscheidung reicht nicht aus. Denn das, was Reuling für die Betriebsgeheimnisse anführt, trifft vielfach auch für die Geschäftsgeheimnisse zu.[2])

Wir werden noch auf den Nachweis, ob es sich bei den Betriebsgeheimnissen um immaterielle Rechtsgüter handelt, zurückkommen müssen. Das Geschäftsgeheimnis sowohl wie das Betriebsgeheimnis wird wohl vorwiegend ein Gebiet der Kasuistik, der reinen Aufzählung bleiben,[3]) wobei die Unterscheidung

---

[1]) Reuling in der Zeitschr. f. chem. Industrie Jahrg. 1895.

[2]) Auch die von M. M. Kohler „Das Verbrechen des unlauteren Wettbewerbs" S. 181 ff. gemachte Unterscheidung zwischen offensiven und defensiven Geheimnissen liefert trotz ihrer scharfsinnigen Durchführung hier keine Resultate.

[3]) Vgl. die reichhaltige Aufstellung bei Finger Komm. S. 253—257.

zwischen der auf die Herstellung und der auf den Vertrieb gerichteten Tätigkeit eine Richtschnur bilden wird. Der Wert dieser Unterscheidung wird in den Kommentaren vielfach unterschätzt. Sie reicht unserer Meinung nach in den meisten Fällen aus.

Was nun weiter den Begriff der Betriebseinrichtungen und Betriebsweisen anlangt, so sind darunter diejenigen Eigentümlichkeiten eines Geschäftsbetriebs zu verstehen, die sich auf seine Organisation oder die Art der Warenerzeugung beziehen. Durchweg werden diese Eigentümlichkeiten von den Kommentaren zum Gesetz betreffend unlauteren Wettbewerb als zu den Betriebsgeheimnissen, teilweise auch als zu den Geschäftsgeheimnissen gehörig aufgeführt. Danach hätte genügt, wenn die Versicherungsgesetze, die Gewerbeordnung, das Margarinegesetz und das Weingesetz gesagt hätten „solange als diese geheim sind". Nach Gebhard[1]) fällt alles das unter die Bestimmung des § 185 des Inval. Versich. Ges. vom 13. Juli 1899, was im Interesse des Geschäfts geheim gehalten wird. Soweit kann aber die Bestimmung schon mit Rücksicht darauf, daß sie gegen Indiskretionen der Aufsichtsbeamten in Bezug auf den Fabrikbetrieb gerichtet ist, nicht gehen. Solche Geheimnisse, von denen sich mit Sicherheit sagen läßt, daß sie kaufmännische seien, werden nicht dazu gehören. Andrerseits läßt sich nicht verkennen, daß auch der Vertrieb von Waren eine besondere Einrichtung haben und auf eigenartige Weise vor sich gehen kann. Eine Aussonderung der Betriebseinrichtungen und Betriebsweisen aus den Betriebsgeheimnissen oder eine Gegenüberstellung der Betriebs- und Geschäftsgeheimnisse auf der einen und der Betriebseinrichtungen und Betriebsweisen auf der anderen Seite erscheint demnach ausgeschlossen.[2])

Für den Begriff der Geschäfts- und Betriebsgeheimnisse sind Definitionen in großer Anzahl gegeben worden. Lobe[3]) definiert „die ureigene und deshalb seiner allgemeinen Ver-

---

[1]) Das Invalidenversicherungsgesetz S. 784.

[2]) Ebenso v. Liszt Lehrb. § 124 II No. 3.

[3]) Komm. S. 103.

fügungsgewalt unterstehende schöpferische Tätigkeit des Wettbewerbers mit ihren Ergebnissen, die geeignet sind, der Förderung seiner Wettbewerbstätigkeit zu dienen". Schmid[1]) rechnet dazu alles, was Gegenstand des Herstellungs- oder Geschäftsbetriebes ist, sofern es noch nicht offenkundig ist, und will als Geheimnis alles dasjenige ansehen, was jemand als Geheimnis zu wahren wünscht und im stande ist. Nach Finger[2]) sind es alle Eigentümlichkeiten eines industriellen oder kaufmännischen Unternehmens, an deren Geheimhaltung ein begründetes geschäftliches Interesse besteht, und welche deshalb nach dem Willen des Unternehmers geheim gehalten werden sollen und geheim gehalten werden.[3])

Was zunächst die Definition Lobes angeht, so verlangt sie von dem Begriffe zu viel. Nicht nur das, was auf ureigener schöpferischer Tätigkeit des Wettbewerbers beruht, kann Gegenstand seines Geheimnisses sein. Abgesehen davon, daß die schöpferische Tätigkeit von Angestellten vielfach in Frage kommen wird, kann auch absolute Neuheit nicht verlangt werden. Ferner hat auch derjenige Geschäftsmitinhaber Schutz, der Mitbesitzer am Geheimnisse ist, auch wenn er keinen Anteil am Geschäftsbetriebe, geschweige denn an der auf der schöpferischen Tätigkeit eines einzelnen beruhenden geheim gehaltenen Tatsache hat. Auch der Zufall[4]) kann dem Wettbewerber einen tatsächlichen Vorteil in den Schoß werfen, der als Geschäfts- oder Betriebsgeheimnis aufzufassen ist. Dabei kann von „ureigner, schöpferischer Tätigkeit" nicht die Rede sein. Der größte Teil der übrigen Kommentatoren hat sich damit begnügt, die wesentlichen Merkmale aufzuzählen. Hauß und Birkenbihl begrenzen den Begriff nur negativ. Manche nehmen das Merkmal „Geheim", das sie erklären sollen, in die Definition hinein. Man wird so definieren können: Geschäfts-

---

1) Komm. S. 342.

2) Finger Komm. S. 253.

3) Vgl. wegen der anderen Definitionen noch Fuld S. 159, Hauß S. 88, Meyer S. 34, Birkenbihl S. 65.

4) Vgl. Finger in der Zeitschr. für unlauteren Wettbewerb Jahrg. 1901 Heft No. 3.

oder Betriebsgeheimnisse sind alle einem Geschäftsbetriebe eigentümlichen, nicht offenkundigen Tatsachen, welche, wie erkennbar zum Ausdruck gekommen ist, nicht offenbart werden sollen und an deren Nichtoffenbarung der Inhaber des Geschäftsbetriebes ein Interesse hat.

III. Gegenstand und Grund des Schutzes von Geschäfts- und Betriebsgeheimnissen.

Als die Frage nach dem Rechtsschutze von Geschäfts- und Betriebsgeheimnissen zuerst auftauchte, war die erste Erwägung, ob nicht im geltenden Rechte sich ein Institut oder eine Bestimmung fände, an welche die zu erlassenden Schutzbestimmungen angeknüpft werden könnten. Ortloff, dessen Ausführungen, wie bereits erwähnt, die ganze Frage in Fluß gebracht hatten, schlug die Anknüpfung an § 300 Str.G.B. vor, und damit befaßten sich auch die ersten Erörterungen. Sobald aber die industriellen Kreise den Fall der Verletzung der Schweigepflicht durch Angestellte als besonders wichtig hervorhoben, ja als wichtigsten der ganzen Gruppe von Fällen des unlauteren Wettbewerbes hinstellten, wurde an § 266 Str.G.B. gedacht, und eine Erweiterung der Bestimmungen über die Untreue vorgeschlagen. Erst nachdem schon ein Entwurf des Gesetzes vom 27. Mai 1896 vorhanden war, wurde eine Anknüpfung an die Vorschriften zum Schutze des „geistigen Eigentums“ ernstlich besprochen, ein Gesichtspunkt, auf den allerdings schon Brunstein[1]) aufmerksam gemacht hatte und der von anderen, z. B. Gareis, Mayer für den unlauteren Wettbewerb überhaupt diskutiert worden war.

Wir haben zunächst rein formal den Gegenstand des Schutzes festgestellt, das im vorigen Abschnitt erörterte Ge-

[1]) Der Schutz des Fabriks- und Geschäftsgeheimnisses S. 7 ff.

schäftsgeheimnis und Betriebsgeheimnis. Jetzt ist danach zu fragen, welches das Rechtsgut ist, das im Geschäfts- und Betriebsgeheimnis geschützt wird. Es soll dabei der Standpunkt maßgebend sein, daß alles Recht Rechtsgüterschutz, d. h. Schutz von als schutzbedürftig erkannten Interessen ist, ein Standpunkt, der heute von einer großen Zahl von Rechtslehrern vertreten wird,[1]) dessen Begründung uns hier zu weit führen würde.

Es ist bestritten, ob ein einzelnes Recht durch die Bestimmungen zum Schutze des Geschäfts- und Betriebsgeheimnisses geschützt wird, oder ob es sich um den Schutz des Vermögens als solchen handelt. Die Frage ist von großer, praktischer Bedeutung. Denn § 823 B.G.B. verlangt, daß ein Recht eines andern verletzt sei, um die Schadensersatzpflicht zu begründen, § 826 B.GB. sagt von dieser Voraussetzung nichts; ferner macht nach § 826 nur die vorsätzliche, nach § 823 aber auch die fahrlässige Schadenszufügung ersatzpflichtig. Diese Bestimmungen sind subsidiär neben den civilrechtlichen Vorschriften des Gesetzes betreffend unlauteren Wettbewerb anzuwenden; in den Fällen, wo die Schweigepflicht nach den Bestimmungen der Versicherungsgesetze der Gewerbeordnung, des Margarine- und Weingesetzes verletzt wird, regeln sie allein die Ersatzpflicht. Allerdings mindert die Möglichkeit, den § 823 Abs. 2 B.G.B. anzuwenden und die förmlich auf das Gesetz betreffend unlauteren Wettbewerb zugeschnittene Gestaltung des § 826 die praktische Bedeutsamkeit der Unterscheidung herab.

Um dem Ziele unserer Untersuchung näher zu kommen, müssen wir zunächst diejenigen Gesichtspunkte ausscheiden, die u. E. völlig ungeeignet sind, dieses Ziel erreichen zu lassen. Dazu gehört zunächst das von Ortloff[2]) anfangs verteidigte Recht auf Bewahrung des Geheimnisses. Es ist in dieser Hinsicht angeführt worden,[3]) daß es nicht Aufgabe des Staates sein könne, Geheimnisse zu schützen, daß dies vielmehr jeder

---

[1]) Vgl. von Liszt Lehrb. S. 53 und die dort Citierten.

[2]) Schmollers Jahrb. f. Gesetzgebung und Sozialwissenschaften Jahrg. 1883.

[3]) Reuling a. a. O. S. 349.

selbst tun müsse. So allgemein wird dies nicht richtig sein. Denn nicht jeder wird dazu im stande sein, und der Staat könnte Grund haben, ihm zu helfen. § 300 spricht jedenfalls dagegen. Man wird aber sagen müssen, daß nicht der Schutz eines jeden Geheimnisses Aufgabe des Staates sei und daß auch nicht eine allgemeine Schweigepflicht bestehen könne. Die Privatgeheimnisse des § 300 werden geschützt, weil die menschlichen Verhältnisse es zwingend erheischen, daß man sich gewissen Personen offenbart, und weil hier auch ein Interesse des Staates an dem Schutze besteht, da er diesen Vertrauenspersonen eine bevorzugte Stellung eingeräumt hat. Selbst wenn man für § 300 Str.G.B. ein Recht auf Bewahrung von Geheimnissen annimmt, so reicht diese Erklärung hier wegen der besonderen, von der der Geheimnisse des cit. § 300 ganz verschiedenen Natur des gewerblichen Geheimnisses nicht aus. Sie ist zu formalistisch und zu wenig in die Tiefe dringend, als daß sie befriedigen könnte, denn sie sagt nicht, warum gerade das gewerbliche Geheimnis geschützt wird.

Auch eine Erklärung. die den Begriff der Untreue herbeizieht,[1]) ist nicht zu billigen. Die Untreue würde hier in der Verletzung einer Treupflicht des Angestellten gegenüber dem Geschäftsherrn gesucht werden müssen. Nun ist zunächst die Untreue im Sinne des Str.G.B. kein einheitlicher, rechtlicher Begriff. Denn das Str.G.B. hat nur eine Anzahl in sich nicht zusammenhängender Fälle im § 266 zusammengefaßt, denen nie von der Wissenschaft die systematische Zusammengehörigkeit unter einem „Untreue“ genannten Begriffe zuerkannt worden ist. Die Untreue ist reines Vermögensdelikt.[2]) Dieser Gesichtspunkt trifft hier nicht zu, wie weiter unten nachzuweisen sein wird. Zwar wird eine moralische Verpflichtung des Angestellten bestehen, die Interessen desjenigen, durch den er seinen Unterhalt bezieht, zu achten, und dieser Umstand wird auch die Auslegung des Gesetzes beeinflussen, doch ist mit Recht darauf

[1]) Vgl. Siewert bei Stegemann S. 24 ff., Olshausen auf dem 19. deutsch. Jur.-Tag.

[2]) Vgl. v. Liszt Lehrb. § 36.

hingewiesen worden,[1]) daß bei dem Vertragsverhältnisse zwischen Geschäftsinhaber und Angestellten, wie es sich im heutigen gewerblichen Leben gestaltet hat, von einem „Treueverhältnisse" nicht mehr gesprochen werden könne. Einmal sind in den zahlreichen großen Unternehmungen die persönlichen Beziehungen zwischen dem Geschäftsinhaber und dem Personal, ohne die sich ein Treueverhältnis nur schwer konstruieren läßt, lose oder garnicht mehr vorhanden, sodann treten sie in den Hintergrund mit Rücksicht auf die uneingeschränkte Freizügigkeit der Angestellten, die sich sowohl auf den Ort wie die Art der Beschäftigung erstreckt. Es bliebe somit nur möglich, von einer positiven Verletzung des Vertragsverhältnisses zu reden. Die positiven Vertragsverletzungen sind aber allgemein nicht strafbar, ja sogar die gesetzliche Unterlage für die aus ihnen folgende Schadensersatzpflicht ist nicht sicher und bestritten.[2]) Es ist daher auch nicht anzunehmen, daß hier das Gesetz die Strafbarkeit einer Vertragsverletzung hat statuieren wollen.

Das wichtigste Argument gegen die Annahme, daß das Vertragsverhältnis Grundlage des Schutzes (was natürlich auch nur für das Gebiet des Gesetzes vom 27. Mai 1896 gilt) sein kann, ist die Erwägung, daß der Schutz gegen Angestellte nur ein Fall in der Reihe der Schutzbestimmungen ist, und ihre Mehrzahl sich gegen Nichtangestellte richtet. Dazu kommt, daß in einer großen Anzahl von Fällen der Angestellte direkt zum Konkurrenten seines Geschäftsherrn wird, indem er, ohne seine Stellung zu verlassen, seine auf der Kenntnis des Geheimnisses beruhende Leistungsfähigkeit in die Dienste eines anderen stellt.[3]) Als Gierke den hier angegriffenen Standpunkt vertrat, lag erst der zweite Entwurf des Gesetzes vom 27. Mai 1896 vor, der einen Schutz gegen das widerrechtliche Eindringen Nichtangestellter noch nicht kannte.[4])

---

[1]) Damme S. 62ff.

[2]) Vgl. Staub in den Festgaben für den 26. deutsch. Jur.-Tag 1902.

[3]) Ebenso Finger Jurist. Zeitschr. f. Elsaß-Lothr. S. 479, vgl. weiter unten über diese Erweiterung des Begriffes des unlauteren Wettbewerbs.

[4]) Gierke hat für den Fall, daß dies strafbar sein sollte, seine Auffassung geändert. Vgl. S. 119 Zeitschr. für gewerbl. Rechtsschutz Jahrg. 1895.

Es muß das Ziel der Aufgabe sein, die Frage nach Gegenstand und Grund des Rechtsschutzes der Geschäfts- und Betriebsgeheimnisse für alle hier in Betracht kommenden Bestimmungen, also auch die der Versicherungsgesetze, der Gewerbeordnung und des Margarinegesetzes, einheitlich zu lösen. Deshalb muß das Schutzobjekt aufgesucht werden, das allen diesen Bestimmungen gemeinsam ist. Schon innerhalb des Gesetzes vom 27. Mai 1896 selbst reicht die obige Erklärung nur für § 9 Abs. 1 aus. Sie berücksichtigt die §§ 9 Abs. 2 und 10 nicht, die nach dem Gesetz delicta sui generis und nicht bloß akzessorische Handlungen zu denjenigen des § 9 Abs. 1 sind.

Es muß davon ausgegangen werden, daß das Rechtsgut, das durch alle die erwähnten Bestimmungen geschützt wird, immer desselbe ist, mag der Angriff von Angestellten oder anderen Personen erfolgen.[1]) Jeder Angriff auf das Geschäfts- oder Betriebsgeheimnis richtet sich gegen die Unversehrtheit gewisser Beziehungen des Mitbewerbers zur Außenwelt, die unter dem Namen „Kundschaft" zusammengefaßt werden, und die ihm das wichtigste Verwertungsmittel seiner Erzeugnisse schaffen, den Absatz.[2]) Kundschaft ist die Gesamtheit der ständigen und nichtständigen Abnehmer eines Gewerbetreibenden. Diejenigen Handlungen nun, die eine Minderung des Absatzes des Konkurrenten und die Erhöhung des eigenen in anderer Weise als durch redliche Mittel, wie es das Einsetzen eigner Tüchtigkeit ist, bezwecken und dadurch fremde Kundschaft zu sich herüberzuziehen suchen, begreift man unter dem Namen des „unlauteren Wettbewerbs". Die §§ 9, 10 des Gesetzes vom 27. Mai 1896 lassen durch den Passus „zu Zwecken des Wettbewerbs" keinen Zweifel darüber, daß dort Handlungen gemeint sind, die unter jenen Begriff fallen. Nicht nur der Nichtangestellte, der Konkurrent, schädigt den Absatz des Gewerbetreibenden durch Verletzung seines Geheimnisses, sondern auch der Angestellte, der Verrat übt.[3]) Denn es ist nicht

---

1) Ebenso Schuler, Die concurrence déloyale S. 186.

2) Vgl. Träger bei Gruchot Bd. 36 S. 211.

3) Vgl. Freudenstein am Schlusse seines Aufsatzes in Goltd. Arch. Bd. 32.

wesentlich, daß der schädigende Eingriff erfolgt, um unmittelbar den eigenen Wettbewerb zu erleichtern, er kann vielmehr auch für die Zwecke und den Vorteil eines anderen erfolgen, wenn nur die Voraussetzung bestehen bleibt, daß durch die Verletzung des Geheimnisses der Absatz des angegriffenen Gewerbetreibenden geschädigt wird. Zwar wird für den gewöhnlichen Begriff des unlauteren Wettbewerbs Erfordernis sein, daß ein Konkurrent Handelnder ist.[1]) Die uns hier interessierenden Bestimmungen reichen aber über den gewöhnlichen Begriff des unlauteren Wettbewerbs hinaus, ohne ihn ganz aufzugeben. Denn auch der verräterische Angestellte benutzt fremde Kraft beim Wettbewerb.[2]) Der § 9 Abs. 1 des Gesetzes vom 27. Mai 1896 und die versicherungsgesetzlichen Bestimmungen sind noch in anderer Weise über den Rahmen des Begriffes des unlauteren Wettbewerbs hinausgegangen, indem ersterer die Schädigungsabsicht, letztere die gewinnsüchtige Absicht in den Tatbestand aufgenommen haben. Die Schädigungsabsicht im Tatbestande des § 9 Abs. 1 ist den meisten Bearbeitern des Gesetzes als gänzlich unsystematische Hinzufügung erschienen. Dies konnte mit Rücksicht auf den gewöhnlichen Begriff des unlauteren Wettbewerbs auch nicht anders sein. Wird als ausschlaggebend, wie wir meinen, durchweg lediglich die Schädigung des Absatzes des Gewerbetreibenden angesehen, so passen diese Qualifikationsmomente, die Schädigungs- und die Gewinnabsicht, ohne weiteres in die Tatbestände der Bestimmungen zum Schutze des gewerblichen Geheimnisses hinein. Dies Moment ergibt auch den Berührungspunkt zwischen den Bestimmungen im Gesetz von 1897 und den Bestimmungen, die gegen Verrat vor gewissen Beamten schützen, denn der wesentliche Unterschied, der hier in Betracht kommt, liegt nur im Täterkreis. Auch durch den Verrat einer

---

Auch Siewert a. a. O. S. 25 verkennt dies nicht. Es handelt sich aber hier nicht bloß um persönliche Rechtsstreitigkeiten, wie er annimmt, sondern auch um Interessestreitigkeiten, die nicht weniger Auswüchse des Geschäftslebens sind, als die Handlungen von Nichtangestellten.

[1]) Schmid Zeitschr. für gewerbl. Rechtsschutz Jahrg. 1895 S. 211.

[2]) Vgl. oben S. 40 und die Note 3 daselbst.

geheim gehaltenen Betriebsweise oder Betriebseinrichtung wird der Absatz des Betriebsunternehmers geschädigt.

Ist so das einheitliche Rechtsgut gefunden, so wird jetzt die Frage aufzuwerfen sein, welches seine rechtliche Bedeutung ist. Die beiden Hauptgegensätze, die uns, um es nochmals hervorzuheben, in dieser Frage begegnen, sind einerseits, ob ein Recht des Gewerbetreibenden geschützt wird und, wenn ein solches Recht vorhanden ist, was es für ein Recht ist, und andrerseits, ob nicht ein einzelnes Recht, sondern das Vermögen des Gewerbetreibenden im gewerblichen Geheimnisse geschützt wird.

Die Auffassung, daß das Vermögen Gegenstand des Rechtsschutzes sei, ist von Katz,[1]) später von Schuler[2]) und Daniel[3]) vertreten worden. Katz hat ausgeführt, daß dem Angestellten die Schweigepflicht über die Geschäfts- und Betriebsverhältnisse seines Prinzipals obliege, weil diese meist Gegenstände pekuniären Wertes seien. Schuler geht von dem Gegensatze unserer Schutzbestimmungen zu § 300 Str.G.B. aus und meint, daß durch die Veröffentlichung von Geschäfts- und Betriebsgeheimnissen die persönliche und soziale Ehrenstellung des Geschäftsinhabers in der Regel nicht gemindert werde und daß, da die allein als persönliches Rechtsgut hier in Frage kommende Erwerbsfähigkeit des Gewerbetreibenden nur um seiner ökonomischen Lage oder seiner persönlichen Ehrenstellung wegen schutzbedürftig sei, nur der erstere Grund in Frage kommen könne. Er tritt, da es sich nach seiner Ansicht hier um vorzugsweise vermögensrechtliche Interessen handelt, von denen die Wahrung der güterrechtlichen Existenz des einzelnen abhängt, für eine Zurückführung des Schutzes der gewerblichen Geheimnisse „auf die reale Grundlage des Vermögensschutzes“ ein. Schuler macht in seiner Beweisführung gerade das zur Voraussetzung, was er erst beweisen soll, daß nämlich die persönliche Ehrenstellung des Geschäftsinhabers

---

[1]) Die unredliche Konkurrenz 1892 S. 52.

[2]) Schuler a. a. O. S. 202.

[3]) a. a. O. S. 61.

durch die Offenlegung seines gewerblichen Geheimnisses nicht gemindert werde. Zwar kann nicht bestritten werden, daß es sich bei den Geschäfts- und Betriebsgeheimnissen fast immer um vermögensrechtliche Interessen handelt. Aber gegenteils kann ebensowenig außer acht gelassen werden, daß auch persönliche Interessen dabei in Betracht kommen. Deshalb wird die Frage nicht dahin lauten dürfen, ob rein vermögensrechtliche oder rein persönliche Interessen vorliegen, sondern welche von ihnen überwiegen. Es handelt sich nur zunächst um die gewinnbringende Ausnutzung des Geheimnisses. In dem Rechte, andre von dieser Ausnutzung auszuschließen, erschöpft sich das Recht am Geheimnisse nicht. Der Besitz des gewerblichen Geheimnisses ist — was Schuler gerade bestreitet — vielfach die Vorbedingung für die persönliche und soziale Stellung des Gewerbetreibenden.[1]) Er ist oft die Hauptgrundlage für ein erlangtes geschäftliches Renommee, das sich in dem Urteile der Erwerbsgenossen und vor allem der Abnehmer über seine Leistungsfähigkeit offenbart. Er hat den denkbar größten Einfluß auf die Geltung seines Namens, seiner Firma, wie das in der Vorgeschichte zum Gesetz betreffend unlauteren Wettbewerb mehrfach erwähnte Beispiel Krupps zeigt, der seine Gußstahlbearbeitung bis auf den heutigen Tag geheimgehalten hat. Ehe diese Methode zu dem gewaltigen Vermögensobjekt wurde, das sie heute ist, mußte der Name ihres Schöpfers bekannt geworden sein. Die Geltung der Leistungsfähigkeit und die persönliche Stellung ihres Inhabers war vor dem Vermögen da. Daher ist die Auffassung, daß im gewerblichen Geheimnisse nur das Vermögen des Gewerbetreibenden geschützt werde, nicht umfassend genug, sie berücksichtigt nur die eine Seite der Sache und zwar die weniger wichtige.

Sie vermag auch nicht zu erklären, und dies scheint uns entscheidend gegen sie zu sprechen, warum der Rechtsschutz des gewerblichen Geheimnisses mit der Offenlegung des Geheimnisses sein Ende erreicht. Ein Recht auf Geheimhaltung gibt es, wie wir gesehen haben, nicht. Hört nun der geheim

---

[6]) Ebenso M. M. Kohler Unlauterer Wettbewerb. .S. 13 ff.

gehaltene technische Handgriff oder die Kundenliste auf, Vermögensobjekt zu sein, hören die Beziehungen des Gewerbetreibenden zu bestehen auf, weil unbestimmt, welche und wie viele Menschen sie kennen? Dies ist sicherlich nicht der Fall. Schulers Erklärung kann demnach nicht die richtige sein.

Es mag in diesem Zusammenhange ein von uns gemachter Versuch erwähnt werden, das Schutzobjekt außerhalb des Privatrechts zu finden. Schäffle hat in seiner „Theorie der ausschließenden Absatzverhältnisse“ eine außerprivatrechtliche Begründung der Urheberrechte und des Erfinderrechts versucht. Er stellt unter die herkömmlich aufgestellten beiden Gütergattungen, nämlich die unpersönlichen Sachgüter und die persönlichen Leistungen eine dritte, die von ihm sogenannten „Verhältnisse“, zu denen er auch die Kundschaft und überhaupt alle Erwerbsrechte, Erleichterungsmittel und Gelegenheiten des Absatzes oder Kaufes aller Art rechnet, über deren Genuß einzelne ausschließlich verfügen können. Er unterscheidet, ob diese „Verhältnisse“ tatsächlich ausschließend oder auf künstliche Weise rechtlich ausschließend gemacht sind. Es wird kaum fraglich sein, daß die von uns hier behandelten gesetzlichen Bestimmungen nicht den Zweck verfolgen, einen rechtlich ausschließenden Absatzkreis für diejenigen Produkte eines Gewerbebetriebs zu schaffen, deren Entstehung auf einem gewerblichen Geheimnisse beruht. Davon kann schon deshalb keine Reide sein, weil, wie unbestritten ist, ein und dasselbe gewerbliche Geheimnis von mehreren nebeneinander besessen und ungehindert ausgenutzt werden kann, und jeder einzelne von ihnen den Schutz unserer Bestimmungen genießt, wenn die Gegenstände des Geheimnisses nur nicht offenbar sind. In solchen Fällen, wo das Geheimnis in anderer als in der durch das Gesetz verpönten Weise gewonnen wird, gibt es kein Verbietungsrecht eines Geheimnisinhabers gegenüber dem andern, der auf Grund desselben Geheimnisses in den Wettbewerb tritt. Es handelt sich also hier nur um einen Absatzkreis, der durch die Tatsache, daß das Mittel, wie er erworben und festgehalten wird, anderen Gewerbetreibenden nicht bekannt ist, zu einem ausschließenden geworden ist. Schäffles Theorie kann also für unsere Aufgabe keine Resultate liefern, da sie die Frage offen läßt, ob der Absatzkreis als Bestandteil des Vermögens oder aus anderen Gründen geschützt wird.

Geht man nunmehr davon aus, daß nicht allein und nicht in erster Linie das Vermögen des Gewerbtreibenden Gegenstand des Schutzes ist, sondern auch und in erster Reihe das persönliche Interesse des Geheimnisinhabers, so fragt es sich, wie dieses Resultat juristisch zu formulieren ist. Auch hier sind verschiedene Auffassungen zu Tage getreten.

Reuling[1]) ist der Meinung, daß von einem Rechtsschutz von Geheimnissen zu reden, widersinnig sei, daß man vielmehr diesen Begriff auflösen und die hinter ihm stehenden Schutzobjekte aufsuchen müsse. Diese teilt er in Fabrikgeheimnisse und sonstige Geheimnisse ein, wie sie insbesondere in kaufmännischen Betrieben in Frage kommen. Die ersteren, unter denen er wiederum zwischen patentfähigen Erfindungen, den sog. Erfindungen höherer Ordnung, und nicht patentfähigen Erfindungen, Erfindungen niederer Ordnung, unterscheidet, hält er abgesehen vom Patentschutz selbst für Erzeugnisse eines eigenartigen Produktionsprozesses und sieht sie als völlig gleichartige und gleichwertige immaterielle Rechtsgüter an. Bei allen anderen Geheimnissen handelt es sich nach seiner Ansicht nur um geschäftliche Vorkommnisse, über die zu schweigen das Personal verpflichtet ist. Er stellt daher bei letzteren nur in Frage, ob jemand durch rechtswidrige Tat oder ohne solche zum Mitwisser des Geheimnisses geworden ist, während er bei ersteren auch eine Verletzung eines Rechts am immateriellen Rechtsgut annimmt.

Es ist nicht zu verkennen, daß zwischen dem Geheimnisse des Fabrikanten an der Zusammensetzung eines chemischen Stoffes und einem Geheimnisse seiner Absatzquellen ein großer Unterschied besteht. Es muß Reuling zugegeben werden, daß bei patentfähigen Erfindungen schon vor Erteilung des Patentes ein durch das Patentrecht geschütztes Rechtsgut vor-

[1]) a. a. O. S. 347.

handen ist,[1]) wie aus § 2 des Patentgesetzes hervorgeht. Aber Reulings ganze Unterscheidung, von der er sich so viel verspricht, ist höchst unfruchtbar, denn sie sieht in den im gewerblichen Geheimnisse doch nun einmal vom Gesetze zusammengefaßten Objekten nur das, was sie trennt, nicht das, was sie zusammenhält. Er trägt in die vom Gesetze gemachte Unterscheidung zwischen Geschäfts- und Betriebsgeheimnissen noch die des Fabrikgeheimnisses hinein, das sowohl in die eine Kategorie wie in die andre fallen kann. Die nichtpatentablen Erfindungen analog den patentablen zu behandeln, geht nicht an, da das Patentrecht als singulärer Rechtsschutz keine Ausdehnung durch Analogie verträgt. Auch in den Vorerörterungen zum Gesetz betreffend unlauteren Wettbewerb ist schon getadelt worden,[2]) daß etwa der Rechtsschutz der gewerblichen Geheimnisse an die Patentfähigkeit geknüpft werde, und das Gesetz ist eben durch den Schutz des Geschäftsgeheimnisses darüber hinausgegangen. Dafür bietet Reulings Auffassung aber keine Erklärung, was im geschäftlichen Vorkommnisse geschützt wird. Allgemein ist aber gegen seine Auffassung geltend zu machen, daß es Rechte an Immaterialgütern nicht gibt. Die Theorie von den Immaterialgüterrechten ist eine Abzweigung der Theorie vom sog. „geistigen Eigentum". Diese Theorie findet heute kaum noch einen Vertreter und es darf hier wohl von ihrer Widerlegung mit Rücksicht auf das eingehend begründete, ablehnende Verhalten der Literatur zu dieser Frage abgesehen werden. Die Theorien, die ein Immaterialgüterrecht annehmen, können, abgesehen von den allgemeinen Gründen, die dagegen sprechen,[3]) nicht erklären, warum das immaterielle Gut, das im Geheimnis geschützt wird, mit seiner Offenlegung aufhört, ein solches zu sein.

In einem Rechte des Gewerbtreibenden ist der Gegenstand des Schutzes zu suchen. Aber nicht das Immaterialgüterrecht ist

---

[1]) So Kohler Patentrecht zu § 2, Autorrecht S. 245. Gareis Patentgesetz S. 21.

[2]) Vgl. Stegemann II S. 38.

[3]) Vgl. gegen sie Gierke Lehrb. S. 762.

es, sondern ein Recht der Persönlichkeit. Ein solches Recht ist lange nicht anerkannt worden, aber die Zahl seiner Anhänger wächst in immer höherem Grade. Es ist dagegen geltend gemacht worden, daß das Recht der Persönlichkeit nur ein tatsächlicher Genuß sei. Dies gilt aber für jedes subjektive Recht, da dies ein Anteil an den Lebensgütern ist.[1]) Man hat ferner gesagt, daß die Annahme von Persönlichkeitsrechten zu einem dem Rechte widerstrebenden fiktiven Dualismus in der Person des Rechtsträgers führe, bei dem der Gegenstand seiner Herrschaft die mit der eigenen Person untrennbar verknüpfte Persönlichkeitssphäre sei.[2]) Dieser Einwand sagt nicht, warum es dem Rechte, welches die Glieder, die doch auch mit der Persönlichkeit untrennbar verbunden sind, schützt, widerstrebt, die inneren Güter Gegenstand eines besonderen Rechtes sein zu lassen.[1])

Auch der Einwurf, daß der Begriff des Persönlichkeitsrechts in das Gebiet der Philosophie gehöre, erscheint nicht stichhaltg, da, selbst wenn man die Richtigkeit dieser Behauptung unterstellt, keine juristische Regel verbietet, die Philosophie zur Konstruktion heranzuziehen, wie es z. B. im Strafrecht mehrfach geschieht.

Als man an die Schaffung der Bestimmungen zum Schutze der Geschäfts- und Betriebsgeheimnisse ging, hatte man die Absicht, die redliche, gewerbliche Arbeit zu schützen. Ihr Produkt ist das Geschäfts- und Betriebsgeheimnis und in ihm offenbart sich die gewerbliche Individualität.[4]) In den Berichten der Handelskammer findet sich immer wieder angedeutet, welche ungeheure geistige Anstrengung, abgesehen von den pekuniären Aufwendungen, der Herstellung eines einfachen Betriebsvorteils voraufgehen, und wer wüßte nicht, welche Fülle von Scharfsinn und physischer Arbeit die Erkundung der Bedürfnisse des Marktes und danach die Herstellung eines Absatz-

---

[1]) Vgl. Dernburg Pand. Bd. I § 39.

[2]) Vgl. Binding Lehrb. des Str.R. I S. 699, Daniel a. a. O. S. 30.

[3]) Vgl. die geistvolle Widerlegung des Einwandes bei Kohler Autorrecht S. 254 ff.

[4]) Vgl. v. Liszt Lehrb. S. 399.

kreises, wie er dann z. B. in der geheimen Kundenliste fixiert wird, bedarf. Deshalb ist das kaufmännische Geheimnis nicht weniger geistiges Erzeugnis als der patentable Betriebsvorteil. Selbst der einfachen, geheim gehaltenen Tatsache, daß der Chef demnächst eine Einkaufsreise nach dem Orte X unternehmen werde, ist diese „Geistigkeit“ eigen. Denn jenes Vorhaben ist meist das Ergebnis eingehender Berechnung, daß der Markt in nächster Zeit für die einzukaufende Ware aufnahmefähig sein werde. Diese Erwägungen treffen in noch höherem Grade bei anderen kaufmännischen Geheimnissen zu, wie z. B. der Kalkulation eines Warenpostens. Es liegen hier alle Gesichtspunkte vor, die man für Schaffung des Patentrechts geltend gemacht hatte. Es ist ein wesentlicher Charakterzug unseres Zeitalters der Technik und Industrie, daß es eben dem menschlichen Geist im Wirtschaftsleben die gebührende Geltung zuweist.[1]) Das Geheimnis ist auch, wie bereits erwähnt, Ausdruck der Individualität des Geschäftsbetriebes.[2]) Denn je nach den Fähigkeiten und Anschauungen des Geschäftsinhabers richtet sich die Art und Ausdehnung seiner Kundschaft. Man vergleiche nur den Absatzkreis eines großen Warenhauses mit dem eines kleinen, aber nur die teuersten Exemplare des Genres feilbietenden Spezialgeschäftes. Jenes will jedermann kaufen sehen, dieses beabsichtigt das garnicht, sondern hat es nur auf einen kleinen, ganz bestimmten Kreis von Abnehmern abgesehen. Daher wird im Geschäfts- und Betriebsgeheimnis das Resultat der physischen und geistigen Kraft des

---

[1]) Vgl. Kohler in Schönbergs Handbuch der politischen Ökonomie Bd. II S. 183.

[2]) Siewert bei Stegemann II S. 29 meint, daß es außer dem in den früheren Gesetzen zum Schutze des gewerblichen und geistigen Eigentums genannten noch ein anderes Eigentumsgebiet gebe, „das sich aus den Ergebnissen einer Reihe von persönlichen Eigenschaften zusammensetzt, die zwar ihrer formellen Art nach mehr oder minder Eigentum aller Gewerbetreibenden sein mögen, dessen weit voneinander abweichende qualitative Abstufung aber dennoch so wesentlich die Individualität und damit auch den geschäftlichen und technischen Entwickelungsstandpunkt der von ihr vertretenen einzelnen Geschäfts- und Fabrikanlage bezeichnen, daß sich darauf auch der Anspruch des persönlichen Eigentums mit Recht gründet.“ Vgl. auch die dort aufgeführten Beispiele S. 30.

Gewerbtreibenden geschützt und ihm ein Recht daran, als dem Ausflusse seiner Persönlichkeit gewährt.[1][2])

Diese Auffassung vermag auch eine Antwort auf die oben berührte Frage zu geben, warum das im Geheimnisse geschützte Rechtsgut mit dem Augenblicke der Offenbarung schutzlos wird. Nicht allein aus Gründen der Zweckmäßigkeit[3]) ist der Schutz an die Geheimhaltung geknüpft. Der Schutz erreicht sein Ende mit der Offenbarung des Geheimnisses, weil es nun überhaupt an der Möglichkeit fehlt, den Gewerbtreibenden gegen Ausbeutung seiner Geheimnisse durch andere zu schützen, und selbst ein irgendwie gearteter gesetzlicher Schutz sie nicht hindern könnte. So wird hier die Begrenzung des Schutzes, die beim Urheber- und Erfinderrechte durch künstliche Befristung erzielt wird, auf natürliche, in der Eigenart des Geheimnisses liegenden Weise erreicht. Mit der Offenbarung an viele, die an der Verwertung nicht mehr gehindert werden können, fällt aber auch das Interesse des Gewerbtreibenden an rechtlichem Schutze fort. Das Geheimnis hat aufgehört, Ausdruck seiner gewerblichen Individualität zu sein, da es ihm bezw. seinem Geschäftsbetrieb nicht mehr eigen ist.

Es hat auch garnicht in der Absicht des Gesetzgebers gelegen, dem gewerblichen Geheimnisse einen unbegrenzten Schutz zu gewähren. Dies führt uns zu der Frage, warum die Geschäfts- und Betriebsgeheimnisse geschützt werden. Als der Schutz angeregt wurde, sprach man Bedenken dagegen aus, ob er mit den Interessen der Allgemeinheit verträglich sei.[4]) Insbesondere wurde darauf hingewiesen, daß sich ein solcher Schutz in scharfen Gegensatz zu den bestehenden

---

[1]) Ähnlich Rosenthal Handwörterb. der Staatswissenschaften 1. Suppl. Bd. S. 870.

[2]) Vgl. auch Träger a. a. O. S. 214, Gareis in den Bl. für Rechtsanw. Bd. 61 S. 342 sieht die Gesch.- u. Betr.-Geheimn. als Zubehör der im Geschäftsbetriebe individual geschaffenen Rechts- oder Geschäftssphäre an. Vgl. auch Gierke in der Zeitschr. für gewerbl. Rechtsschutz 1895 S. 121.

[3]) Vgl. Gareis wie vorher S. 343.

[4]) Katz in der Zeitschr. für gewerbl. Rechtsschutz 1892 S. 8, Andrees Gutachten auf den 19. Jur.-Tag Verhandl. Bd. II.

Gesetzen zum Schutze des sogenannten „gewerblichen Eigentums“ stellen würde, die alle dahin zielen, die Ergebnisse menschlicher Arbeit offen zu legen, damit die Gesamtheit sie benutzen kann, also gerade die Beseitigung des Fabrikgeheimnisses bezwecken.[1])

Dieses Bedenken trifft natürlich nur auf die nicht kaufmännischen Geheimnisse zu. Für die kaufmännischen Geheimnisse boten die bisherigen Gesetze weder Schutz, noch widersprach ihr Inhalt einem solchen. Aber auch für die reinen Fabrikationsgeheimnisse trifft der Einwand nicht zu. Zunächst ist der Patentschutz nicht ausreichend, um alle geheimen Betriebsvorteile zu schützen.[2]) Denn eine große Anzahl technischer Vorgänge und vor allen Dingen viele Eigentümlichkeiten des Betriebes und des Herstellungsverfahrens, die oft von weit größerem Werte für den Geschäftsinhaber sind als die patentfähigen Erfindungen, eignen sich weder zum Patent- noch zum Musterschutz. Selbst die patentablen Erfindungen sind, so lange sie noch im Vorbereitungsstadium sich befinden, schutzlos, da das Patentrecht nur fertige Erfindungen schützt.

Der Widerspruch zwischen dem modernen Patentschutz und dem Geheimnisschutz ist auch nur ein scheinbarer.[3]) Denn der Patentschutz basiert darauf, daß dem Erfinder der ihm gebührende Lohn durch die im Patente liegende Zuerkennung eines ausschließenden Nutzungsrechtes von der Gesamtheit gewährt wird. Nach langen Kämpfen ist diese Belohnung des Erfinders durch den Staat als berechtigt anerkannt worden. Sie muß dem Inhaber eines gewerblichen Geheimnisses gerechterweise ebenfalls zu teil werden. Auch er ist produzierender Arbeiter und kann den Schutz seiner Arbeit vom Staate verlangen, wenn ihm deren Früchte im freien, tauschwirtschaftlichen Verkehr in unredlicher Weise entzogen werden. Dem Prinzip der Offenlegung zu Gunsten der Gesamtheit tritt hier das Prinzip gerechter Verteilung des volkswirtschaftlichen Ein-

[1]) Vgl. insbesondere Hentig in der Zeitschr. des Vereins deutscher Ingenieure XXX 453.

[2]) Dies hat auch Andree a. a. O. anerkannt.

[3]) Vgl. auch Rosenthal a. a. O. 886.

kommens gegenüber. Dieses sagt, daß jeder Arbeiter seines Lohnes wert sei. Im übrigen entspricht der Hingabe des Resultates der Arbeit an die Öffentlichkeit auch ein stärkerer rechtlicher Schutz, wie ihn das Patent, niemals aber die bestehenden Gesetze zum Schutze des gewerblichen Geheimnisses begründen können. Denn das Patent schafft einen rechtlich ausschließend gemachten Abnehmerkreis, wie schon oben ausgeführt, der Geheimnisschutz sichert nur gegen gewisse Eingriffe in das Persönlichkeitsrecht des Gewerbtreibenden an dem Resultat seiner Arbeit.

Mit dieser Erwägung fällt auch der gegen den Geheimnisschutz geltend gemachte Einwand, daß man dem Erfinder ein Wahlrecht zwischen Patent- und Geheimnisschutz einräume. Dazu kommt noch, daß der Patentschutz eine Art von Vindikation der Erfindung gewährt, während die Natur des Geheimnisses diese unmöglich macht.

Gegenüber den zahlreichen Fällen, in denen eine Erfindung von andern aufgenommen und ausgebeutet wurde, während der Erfinder sie noch nicht fertiggestellt hatte, mußte umgekehrt das Interesse der Gesamtheit dahin gehen, eine Offenlegung des Geheimnisses zu verhindern, damit der Erfinder ungestört seine Erfindung vollendete. Man mußte dafür sorgen, daß die Sicherheit vor fremder Ausbeutung ihn davon abhielt, auf unfertige Erfindungen Patente zu nehmen.

Nachdem im literarischen Urheberrechte längst ein Recht auf Veröffentlichung und damit auch auf Geheimhaltung des literarischen Produktes anerkannt war und auch das Patentrecht im Falle unbefugter Entlehnung einer Erfindung dem Verletzten ein Einspruchsrecht gegen die Patenterteilung und eine Nullitätsklage gegeben hatte, konnte man ein Recht des Geschäftsinhabers an seinem Geheimnisse nicht mehr leugnen. Gerade die eben genannte, gewiß weitgehende Bestimmung des Patentrechts ließ die Gestaltung eines Schutzes für Fabrikgeheimnisse notwendig erscheinen, weil sie gegenüber demjenigen Entlehner versagt, der die Erfindung nicht patentieren läßt, sondern sie ohne Patent öffentlich ausnutzt und dem Erfinder so den Weg zum Patente verlegt. Der Geheimnisschutz hatte deshalb die notwendige Aufgabe, das Protoplasma[1]) gewerblicher Arbeit zu schützen.

Ähnlich wie beim Schutz des Privatgeheimnisses spricht hier auch eine gewisse Zwangslage des Geschäftsinhabers mit. Er kann der Hülfe anderer bei Ausbeutung seines Geheimnisses nicht entraten. Er braucht Ingenieure, Arbeiter, Handlungsgehülfen und Lehrlinge und ist damit vor die Eventualität gestellt, sein Geheimnis ihnen preiszugeben oder auf die Ausbeutung zu verzichten. Die wenn auch nicht unfehlbare Sicherheit im ersteren Falle durch den Schutz wird daher die gewerbliche Tätigkeit begünstigen und anspornen. Auch das ist ein für das Gemeinwohl nicht zu unterschätzender Vorteil.

Für alle Objekte des Geheimnisschutzes rechtfertigte dieser sich als Forderung der Gerechtigkeit. Er ist innerlich berechtigt als Schutz der Arbeit. Es kann ihm auch der volkswirtschaftliche Nutzen nicht abgesprochen werden. Der Besitz des Geheimnisses verschafft dem Gewerbetreibenden, oder wie die „Nat.-Ök." sagt, dem gewerblichen Unternehmer seinen Absatz. Das Einkommen aus seiner Beschäftigung muß als sein Arbeitslohn betrachtet werden. Dieser Arbeitslohn hängt wie jeder andere ab von der Seltenheit der zu seinem Geschäfte erforderlichen persönlichen Eigenschaften, von der Gefahr des Unternehmens, wobei nicht bloß Vermögen, sondern auch Ehre verloren gehen kann und von der Unannehmlichkeit des Unternehmergeschäfts.[2]) Nach Schäffle[3]) aber ist der Unternehmerlohn das Entgelt für die höchste wirtschaftliche Funktion, die Befriedigung des dringendsten Bedürfnisses der Gesellschaft mit der größten Kostenersparnis. Da nun der Nachweis von den Interessenten geliefert worden ist, daß der freie Verkehr ihnen nicht den Lohn ihrer Arbeit gewährte, war es Aufgabe des Staates, wie er es im Patentrechte getan hatte, diesen Lohn zu sichern. Dies konnte natürlich nur so weit geschehen, als das Interesse der Allgemeinheit nicht völlig

---

[1]) Damme in dem preuß. Jahrb. Bd. 80.

[2]) Vgl. Roscher Syst. I § 195.

[3]) Deutsche Vierteljahresschrift No. 16 II 323.

hinter dem Interesse des Unternehmers zurückblieb. Deshalb brachte der Geheimnisschutz den Unternehmern nicht ein ewiges Ausnutzungsrecht und Schutz gegen jeden Eingriff, sondern ein durch die Natur des Geheimnisses selbst beschränktes Recht gegen gewisse Eingriffe, die sich als unredliche und unverdiente Ausbeutung fremder Arbeit darstellen. Die Gesetzgebung hat dadurch, daß sie den Interessen des Geheimnisinhabers einen so hoch entwickelten Rechtsschutz verlieh, wie ihn die §§ 9 und 10 des Gesetzes, betreffend unlauterer Wettbewerb durch Strafklage, Schadensersatzklage und nach richtiger Ansicht auch durch Untersagungsanspruch gewähren, das Recht am gewerblichen Geheimnisse als ein wirkliches Privatrecht anerkannt.

IV. Der strafrechtliche Schutz des Geschäfts- und Betriebsgeheimnisses.

Wir wenden uns nunmehr zu der Frage: Wie wird das Geschäfts- und Betriebsgeheimnis geschützt? Hierbei kann man die Bestimmungen nach denjenigen Personen unterscheiden, die den Tatbestand erfüllen können. Danach ergibt sich ein Schutz gegen Angestellte, wobei § 9 Abs. 1 des Gesetzes betreffend unlautern Wettbewerb, in Frage kommt, und ein Schutz gegen Nichtangestellte. In letzterer Beziehung ist wiederum zu unterscheiden, ob diese Personen als Mitbewerber handeln, — wie im § 9 Abs. 2, 10 des Gesetzes, betr. unlauterer Wettbewerb — oder ob noch etwas hinzukommt, das sie besonders qualifiziert, wie die Beamteneigenschaft in den Versicherungsgesetzen, der Gewerbeordnung, dem Margarinegesetz und dem Weingesetz. Überall sollen zunächst die objektiven, sodann die subjektiven Tatbestandsmerkmale untersucht werden.

1. Schutz gegen Angestellte.

Der § 9 Absatz 1 des Gesetzes, betreffend unlautern Wettbewerb.

Die Person des Täters.

Aus der Begründung zu § 9 Absatz 1 ergibt sich, daß mitbestimmend für den Erlaß der Vorschrift der Umstand war, daß die Verletzung des Vertrauens, welches der Prinzipal dem Dienstuntergebenen entgegenbringt, geahndet werden sollte. Eine dementsprechende Beziehung des Thäters zum Inhaber des Geschäfts- und Betriebsgeheimnisses ist daher notwendig. Sie findet ihren juristischen Ausdruck im Dienstvertrage.

Der Dienstvertrag besteht in der Übernahme der Verpflichtung, bestimmte Dienste gegen eine vom andern Teile versprochene Vergütung zu leisten. Das Gesetz gebraucht das Wort „Dienstvertrag“ nicht, sondern es ist von der Reichstagskommission an die Stelle dieses Wortes des Entwurfs der Ausdruck „Dienstverhältnis“ gesetzt worden, um, wie es dort heißt,[1] „klarzustellen, daß, wenn der Dienstvertrag vor Alauf der Dauer, auf welche er geschlossen ist, aus irgend einem Grunde aufgehoben wird, für den nunmehr in keinem kontraktlichen Verhältnisse stehenden Angestellten die Beschränkung nicht gilt u. s. w. Es sei hier gleich vorweggenommen, da es für die Frage, ob jemand Täter sein kann, gleichfalls wichtig ist,[2] daß nur die rechtliche Aufhebung des Dienstverhältnisses den Angestellten von der Schweigepflicht befreit. Die Änderung der Reichstagskommission hatte den Zweck, zu verhindern, daß ein Prinzipal die Schweigepflicht durch langfristige Dienstverträge zu sichern sucht. Darüber sind alle einig, daß ein Dienstverhältnis bestehen kann, ohne daß tatsächlich Dienste geleistet werden, wie bei Unterbrechungen des Dienstverhältnisses durch Krankheit, Urlaub oder in den Fällen — um ein in der gewerblichen Praxis nicht allzu seltenes Beispiel anzu-

---

[1]) Berichte S. 12.

[2]) Diese Frage wird von den Kommentaren bei dem Tatbestandsmerkmal „während der Dauer des Dienstverhältnisses“ erörtert.

führen, wo Reisende untätig am Sitze des Geschäfts festgehalten werden, weil man ihnen nicht traut, ihnen aber trotzdem den Gehalt zahlt, um ihre Kraft der Konkurrenz zu entziehen. Ist der Gesichtspunkt, daß tatsächlich Dienste geleistet werden, ausschlaggebend, so dürfte auch hier kein „Dienstverhältnis“ angenommen werden. Durch rechts- oder vertragswidriges Verlassen des Dienstes oder andererseits durch rechts- oder vertragswidrige Entlassung entsteht eben nur eine Vertragsverletzung, ein Versuch, die aus dem Dienstvertrage resultierenden Beziehungen zu lösen. Geht der andere Teil darauf nicht ein, so bleibt es eben nur ein Versuch, das Dienstverhältnis besteht fort. Daher befreit nicht die tatsächliche, sondern nur die rechtliche Auflösung des Dienstverhältnisses den Angestellten von seiner Schweigepflicht.

Das Dienstverhältnis begründet ein Vertrauensverhältnis. Auf Erfüllung der daraus folgenden Pflicht im Gegensatz zu der vielleicht bei außerhalb des Dienstverhältnisses stehenden Personen begründeten allgemeinen Pflicht des geschäftlichen Anstandes beruht die Gebundenheit. Nur Personen, die in einem solchen, Vertragstreue erfordernden Verhältnisse zum Prinzipal stehen, können in Betracht kommen,[1]) und unter ihnen nur solche, die in einem Verhältnis der Unterordnung unter dem Inhaber des Geschäftsbetriebes stehen.[2]) Dabei ist es gleich, ob ein Entgelt verabredet ist. Hier zeigt sich die Erweiterung, die in dem Ausdruck „Dienstverhältnis“ liegt. Denn für diesen Begriff ist es unwesentlich, ob ein Entgelt verabredet ist, während dem Begriff des Dienstvertrags die Vereinbarung oder doch wenigstens die Leistung eines Entgelts wesentlich ist.[3])[4]) Die

---

[1]) Die Beschäftigung braucht übrigens nur eine vorübergehende zu sein. Vgl. Finger Komm. S. 261.

[2]) Gesellschafter können sich demnach nicht nach § 9 Abs. 1 strafbar machen; auch nicht die Mitglieder des Aufsichtsrates einer Aktiengesellschaft, die im Verkehr nicht als Angestellte angesehen werden, auch wenn sie festes Entgelt beziehen. Der Aufsichtsrat ist Organ der Aktiengesellschaft. Diese Meinung ist auch die herrschende für den Aufsichtsrat der Genossenschaft. Ebenso Müller Komm. S. 130, Hauß S. 87, a. M. Finger a. a. O. S. 263.

[3]) Vgl. B.G.B. § 612, Abs. 1, H.G.B. § 59.

[4]) Daher können auch Volontaire Täter sein. Ebenso Damme a. a. O. S. 81.

Bezeichnung „Geschäftsbetrieb" ist eine weitere, den Täterkreis des § 9 Absatz 1 bestimmende Begrenzung. Der Begriff ist wie ob S. 27 auszulegen.[1])

Das Gesetz zählt drei Klassen von Personen auf, die als Täter in Betracht kommen können. Diese Aufzählung ist eine erschöpfende. Auch hier macht sich, wie beim Begriffe der Geschäfts- und Betriebsgeheimnisse, die Unsicherheit der legislativen Technik geltend. Es handelt sich um die Auslegung der drei Worte: Angestellter, Arbeiter, Lehrling. So viel geht aus der Nebeneinanderstellung im Gesetze mit Sicherheit hervor, daß zu den Angestellten die Arbeiter und Lehrlinge nicht zu rechnen sind. Meyers' Meinung,[2]) der die Worte: „Arbeiter oder Lehrling" für überflüssig hält, ist deshalb unrichtig. Diese Auffassung mag, was übrigens auch noch zu bezweifeln ist, für den allgemeinen Sprachgebrauch zutreffen.[3]) Dem Gesetze gegenüber ist sie jedenfalls falsch. Denn dieses hat offenbar den Arbeiter und den Lehrling nicht zu den Angestellten rechnen wollen.[4]) Insofern ist auch Hauß'[5]) Auffassung falsch, daß die im Gesetz genannten „Arbeiter und Lehrlinge" häufig, jedoch nicht immer zu den Angestellten zu rechnen seien. Nach dem Gesetze sind sie nie dazu zu rechnen. Deshalb ist hier mit dem Ausdrucke „Angestellter" ein andrer, engerer Begriff gemeint als der oben entwickelte, vielleicht dem herkömmlichen Sprachgebrauch entsprechende. Ausschlaggebend für die Unterscheidung ist die Art der Beschäftigung; auf ihre

---

[1]) Danach gehören also die mit häuslichen Arbeiten beschäftigten Angestellten des Inhabers nicht hierher. Vgl. Fuld S. 158.

[2]) Komm. Anm. 2 zu § 9 Abs. 1.

[3]) Auch hier wird sich ein Zwiespalt für die kaufmännischen, fabrizierenden und solche Betriebe ergeben, welche beides sind. Der Sprachgebrauch ist dort ein ganz verschiedener. Beispielsweise wird in rein kaufmännischen Betrieben der Lehrling fast immer als Angestellter bezeichnet, im Fabrikbetriebe wird es oft zwei Arten von Lehrlingen geben, solche, die im Bureau arbeiten und „Angestellte" heißen, und solche, die an der Maschine stehen und schlechthin als Lehrlinge bezeichnet werden.

[4]) Dies ist übrigens für den „Lehrling" unzutreffend, soweit die rein kaufmännischen Geschäftsbetriebe in Betracht kommen.

[5]) S. 87.

Dauer, wie Müller[1]) und Schmid[2]) meinen, kann es nicht ankommen, weil schon der allgemeine Begriff des Dienstverhältnisses eine „dauernde" Beziehung zwischen Prinzipal und Untergebenem nicht verlangt. Man wird am besten von dem Begriff des „Arbeiters" ausgehen. Dabei ist zunächst festzustellen, daß hier die „Arbeiter" im gewöhnlichen, ganz allgemeinen Sinne gemeint sind, sodaß also die im Titel VII der Gewerbeordnung aufgeführten „gewerblichen Arbeiter" nur einen Teil, allerdings den Hauptteil der hier gemeinten Personen bilden. Daniel[3]) wünscht hier eine Definition des Begriffes der Arbeiter", indem er auf das Invaliditäts- und Altersversicherungsgesetz vom 22. Juni 1889 hinweist, welch letzteres unter den Versicherungspflichtigen neben den Arbeitern und Lehrlingen noch die Gehülfen, Gesellen, Betriebsbeamten aufzählt. Zwar stellt sich auch hier wiederum die mangelnde Einheitlichkeit der Gesetzessprache heraus, doch ist abgesehen davon hier klar, welche Personen gemeint sind.

Arbeiter in diesem Sinne sind diejenigen, welche ganz oder vorwiegend durch ihre physische Kraft dem Unternehmen dienen.

Demgegenüber sind Angestellte im Sinne des § 9 alle diejenigen, welche weder ganz noch vorwiegend durch ihre physische Kraft dem Unternehmen dienen. So ist die Definition für alle Arten von Geschäftsbetrieben zu verwerten, denn auch die rein kaufmännischen Betriebe, z. B. die sich lediglich mit dem Handel, also dem Vertrieb der Waren befassenden, haben „Arbeiter", z. B. die Hausdiener. Die Definition vermeidet auch den Fehler, den Unterschied auf den Grad der Unabhängigkeit der Position abzustellen, wie es Stephan tut. Einerseits ist ein Schreiber kein Arbeiter, andererseits sind Leute, die wie einzelne Werkmeister eine gewisse selbständige Stellung einnehmen, dennoch Arbeiter.[4]) Für den Grad der Selbständigkeit wird dann der

---

[1]) Komm. S. 129.

[2]) Komm. S. 348.

[3]) S. 154.

[4]) Vgl. Titel VII Gewerbeordnung.

Maßstab anzulegen sein, ob vorwiegend Aufwendung physischer oder geistiger Kraft in Frage kommt. Ist die Stellung demnach eine dirigierende, kontrollierende, so ist der Betreffende eben nicht mehr Arbeiter.[1]) Dies schließt nicht aus, daß er zuweilen mit Hand anlegt, also auch physische Kraft aufwendet, sobald dies nur sekundär bleibt.

Lehrling ist, wer auf Grund eines Lehrvertrages zum Zwecke des Lernens in einem Geschäftsbetriebe angestellt ist. Er kann also sowohl Angestellter wie Arbeiter in dem eben entwickelten Sinne sein, unterscheidet sich von diesen aber durch den Zweck seiner Beschäftigung. Mit Recht ist der in der Reichstagskommission gestellte Antrag,[2]) das Wort „Lehrling" zu streichen, abgelehnt worden. Nicht allein, weil der Lehrling, wie die Ablehnung begründet wurde, doch „Angestellter" bleiben würde, was übrigens bei dem Lehrling, der die Fabrikation erlernt, u. E. nicht zutrifft, sondern auch, weil gerade der Lehrvertrag in höherem Maße als die sonstigen Dienstverträge höchstpersönliche Rechte und Pflichten in sich schließt, sodaß gerade hier, mehr als in den obigen Fällen von einer Verletzung des Treuverhältnisses gesprochen werden kann. Die Argumente des Antrages können durch dic §§ 55—57 R.Str.G.B. insbesondere bei der Strafzumessung hinreichend berücksichtigt werden.

Die Handlung.

Die Basis des Delikts des § 9 Absatz 1 ist das unbefugte Mitteilen von vermöge des Dienstverhältnisses anvertrauten oder sonst zugänglich gewordenen Geschäfts- oder Betriebsgeheimnissen an andere.

Unter dem Mitteilen verstehen alle Kommentatoren des Gesetzes jede Form der Bekanntgabe. Der Begriff wird sich wohl mit demjenigen des „Offenbaren" im § 300 St.G.B. decken, der durch jede Mitteilung erfüllt[3]) wird. Aber nicht nur jedes bekanntgebende Tun wird darunter fallen, sondern auch das

---

[1]) Vgl. Entsch. der R.G. in Civilsachen Bd. 13 S. 60.

[2]) Reichstagskomm. Berichte S. 28.

[3]) Vgl. Oppenhoff Komm. n. 4a zu § 300, Stenglein S. 1187.

pflichtwidrige Unterlassen des Bewahrens von Geheimnissen.[1]) Durch den § 9 soll jedes Handeln und Unterlassen getroffen werden, welches einem andern unter Verletzung der Treupflicht die Innehabung des Geheimnisses ermöglicht. Der „andre" ist gemäß unserer Auffassung vom Begriffe des gewerblichen Geheimnisses jeder nicht zur Kenntnis desselben Berufene. Die Auffassung Kunreuthers,[2]) daß jeder Dritte damit gemeint sei, geht zu weit, sie würde zu der Geheimniskrämerei führen, die in den Vorberatungen zum Gesetz befürchtet wurde. Umgekehrt ist die Auslegung Hauß[3]) und Müllers[4]) zu eng, da die Mitteilung an solche, die zwar das Geheimnis nicht kennen, die aber zur Kenntnis berufen sind, nicht strafbar sein kann. Hier wird im einzelnen Falle die Auslegung den Begriff des „Unbefugten" heranziehen müssen.

Dieses Wort wird vom R.Str.G.B. in den Fällen der Übertretung gebraucht als mildere Form des „widerrechtlich", weil meist eine landesrechtliche Erlaubnis die Strafbarkeit aufhebt. Davon wird man auch hier auszugehen haben. Die Mitteilung ist nicht strafbar, wenn eine Erlaubnis dazu vorliegt. Diese Erlaubnis wird vom Inhaber des Geheimnisses oder vom Gesetz auszugehen haben. Als Inhaber des Geheimnisses wird hier der Inhaber des Geschäftsbetriebes zu gelten haben, wie aus dem Sinne des § 9 und der Fassung „in der Absicht dem Inhaber des Geschäftsbetriebes Schaden zuzufügen" hervorgeht, oder dessen Bevollmächtigte. Die Form, in der sie erteilt wird, ist gleichgiltig (s. oben S. 30), sie wird sich auch aus der Natur der Sache oder den Umständen ergeben können.

Die Befugnis kann sich auch aus dem Gesetze herleiten. Hier werden die allgemeinen Ausschließungsgründe der Rechtswidrigkeit in Frage kommen, z. B. Wahrung berechtigter Interessen, Notstand. Streitig ist die Frage hinsichtlich der Zeugnispflicht. Man wird zu unterscheiden haben, ob das Gesetz die Ver-

---

[1]) Das Spionagegesetz spricht von „in den Besitz oder die Kenntnis anderer gelangen lassen". Vgl. Seuffert Zeitschr. Bd. 14 S. 586 ff.

[2]) S. 53.

[3]) S. 90.

[4]) S. 140.

weigerung des Zeugnisses gestattet oder nicht. Im letzteren Falle tritt die auf der Vertragstreue beruhende Schweigepflicht in Kollision mit der öffentlich-rechtlichen Zeugnispflicht. Hier wird zweifellos die Befugnis zur Mitteilung gegeben sein.[1]) Anders liegt die Sache in den Fällen der §§ 384, 2, 3 C.P.O., 54 Str.P.O. Hier kollidieren nicht mehr Schweigepflicht und Zeugnispflicht. Denn von der Zeugnispflicht ist der Zeuge befreit, er ist zur Verweigerung des Zeugnisses berechtigt. Die Berechtigung macht ihm die Erfüllung seiner Verpflichtung möglich. Sonst von der höheren Pflicht zurückgedrängt, tritt sie jetzt wieder hervor. Der Zeuge verletzt die Treuepflicht, er handelt unbefugt im Sinne des § 9, wenn er Geschäfts- oder Betriebsgeheimnisse vor Gericht mitteilt.[2])[3]).

Finger sucht die Befugnis aus § 384 Ziff. 2 C.P.O. und 54 Str.P.O. durch den Hinweis auf die dem Zeugen entstehende Gefahr einer strafrechtlichen Verfolgung herzuleiten. Doch ist dies ein Beweis durch das, was bewiesen werden soll. Es fragt sich ja gerade, ob diese Gefahr entstehen kann. § 54 gilt auch nicht für Straftaten, die durch die Aussage selbst begangen werden könnten. Die Frage, ob ein öffentliches oder wissenschaftliches Interesse die Befugnis geben kann, ist für

---

[1]) Ebenso natürlich in dem Falle des § 52 Abs. 2 Str.P.O., der auch unter den 1. Einteilungsgrund fällt.

[2]) Wie hier Finger a. a. O. S. 271, Fuld 161 für den § 300 Str.G.B., Schwartze N. 17 zu § 52 Str.P.O., Liebmann Verschwiegenheitspflicht S. 7., A. M. Hauß S. 90, Kunreuther S. 53, Loewe Komm. zur Str.P.O. n. 18 zu 52 Str.P.O., Olshausen n. 9 zu § 300.

[3]) Eine interessante Analogie, an der sich die Richtigkeit unseres Resultats erhärtet, erörtert v. Gordon in N. 16 der deutschen Jurist. Zeitg. von 1902. Er macht auf den Pflichtenkonflikt aufmerksam, in den Vorstand und Aufsichtsrat einer A.G. durch die §§ 314, 312 H.G.B. geraten. § 314 bedroht sie mit Strafe, wenn sie in den Geschäftsberichten nicht die volle Wahrheit sagen, § 312 dagegen, wenn sie absichtlich zum Nachteil der Gesellschaft handeln. Wie steht es nun, wenn wegen § 314 die Offenbarung eines Geschäftsgeheimnisses erfolgen muß, obgleich der Offenbarende weiß, daß sie der Gesellschaft Nachteil bringen wird? v. Gordon meint, daß Bestrafung aus § 312 nicht erfolgen kann. Gewiß nicht, denn durch § 314 ist die Offenbarung dem Vorstande oder Aufsichtsrat nicht als ein von ihnen beliebig auszuübendes Recht verlangt, sondern als eine ihrer Disposition nicht unterliegende Pflicht.

den § 3000 viele rörtert worden, verliert aber hier fast ihre ganze Bedeutung durch die besondere Ausprägung des subjektiven Tatbestands des § 9 Abs. 1.

Gegenstand der Mitteilung müssen Geschäfts- oder Betriebsgeheimnisse sein, die dem Täter vermöge des Dienstverhältnisses anvertraut oder sonst zugänglich geworden sind. Der Begriff des Geschäfts- und Betriebsgeheimnisses ist bereits erläutert und wird deshalb auf Abschnitt II verwiesen. Schon die Untersuchung, was als Geschäfts- oder Betriebsgeheimnis anzusehen ist, wird vielfach die Frage nahe legen, ob die betreffende Tatsache als geheim bezeichnet wurde oder als geheim zu haltende von dem Untergebenen den Umständen nach angesehen werden mußte. Diese Momente hebt das Gesetz noch hervor, indem es von „vermöge des Dienstverhältnisses anvertrauten oder sonst zugänglich gewordenen Geschäfts- oder Betriebsgeheimnissen“ spricht. Als „anvertraut“ im Sinne des § 300 Str.G.B. sieht die gemeine Meinung[1]) erstens das an, was mit der ausdrücklichen Auflage des Geheimhaltens mitgeteilt wurde, zweitens das, was unter Umständen mitgeteilt wurde, aus denen der andre die Geheimhaltung entnehmen mußte, drittens das, was ihm durch eigene Beobachtung vermöge seiner Sachkunde bekannt wurde. Die beiden ersten Bedeutungen hat das „Anvertrauen“ hier zweifellos auch, aber nicht die dritte, da sonst der Zusatz „oder sonst zugänglich geworden“ überflüssig sein würde. Man wird daher die Worte „vermöge des Dienstverhältnisses“ nur auf „anvertraut“, nicht auch auf „sonst zugänglich geworden“ beziehen müssen und erhält so den Gegensatz zwischen „vermöge des Dienstverhältnisses“ und „sonst“.

Die herrschende Meinung[2]) stellt „anvertraut“ und „zugänglich gemacht“ gegenüber, bezieht also die Worte „vermöge des Dienstverhältnisses“ auf beide Formen des Bekanntwerdens. Sie beruft sich dafür auf die Tendenz des § 9. Die

---

[1]) Vgl. Oppenhoff Kom. n. 4 zu § 300, Stenglein Rechtslexikon S. 1187, Olshausen Kom. n. 3 zu § 300, v. Liszt Lehrb. § 120 III.

[2]) Vgl. Finger S. 265, Müller S. 136.

andere Auslegung widerspricht dieser Tendenz aber nicht. Denn auch derjenige Untergebene verletzt das Vertrauen, der ein ihm von dritter, außerhalb des Dienstverhältnisses stehender Seite, d. h. „sonst“ bekannt gegebenes Geschäfts- oder Betriebsgeheimnis verrät.[1]) Ein Grund zu der Annahme, die Auslegung könnte über die Tendenz des Gesetzes hinausführen, liegt aber deshalb nicht vor, weil diese durch die Einschränkung, daß ein Angestellter, Arbeiter oder Lehrling Täter sein muß, stets gewahrt bleibt. Dem Wortlaut des Gesetzes gegenüber ist auch unsere Auffassung vorzuziehen, da das stets disjunktive „oder“ und die Vermeidung der Annahme einer Tautologie dafür sprechen.

Darüber herrscht ziemlich allgemeine Übereinstimmung, daß als „Dienstverhältnis“ die gesamten Beziehungen zwischen Prinzipal und Untergebenen anzusehen sind, nicht nur die sich an den dem Angestellten zugewiesenen Geschäftskreis knüpfenden.[2]) Auch dies ist aus dem Zwecke des § 9 Abs. 1, die Verletzung des Vertrauensverhältnisses zu bestrafen, zu folgern. Die Einzelheiten über das „Anvertrauen“ und „zugänglich werden“, sind schon oben im Abschnitt II erörtert. Der Unterschied liegt unserer Auslegung entsprechend darin, daß ersteres das Bekanntwerden mit dem irgendwie erkennbaren Willen des Inhabers, letzteres das Bekanntwerden ohne den Willen des Inhabers bedeutet. Analog der Bestimmung des § 300, daß die Geheimnisse kraft des Amtes, Standes oder Gewerbes anvertraut sein müssen, ist hier „vermöge des Dienstverhältnisses“ gesetzt. Was dort erst durch die Auslegung schärfer zum Ausdruck kam,[3]) ist hier deutlich gesagt: das Anvertrauen muß mit dem Dienstverhältnis in ursächlichem Zusammenhange stehen. Das Kriterium wird demnach so festzustellen sein, daß man sich das Dienstverhältnis hinwegdenkt und demnach die Wirkung feststellt. Die Frage hat nur ge-

[1]) Es wird hier an den Fall gedacht, wo ein früherer Angestellter dem jetzt noch im Geschäft befindlichen Angestellten ein Geheimnis mitteilt und letzterer es dann weiter verrät.

[2]) Ebenso Fuld 160, a. M. Lobe S. 114.

[3]) Vgl. Olshausen Komm. n. 3 zu 300.

ringe Bedeutung, da das allgemeine „sonst zugänglich werden" immer aushelfen wird. Der Verrat eines „anvertrauten" Geheimnisses kann eventuell bei der Strafzumessung strenger behandelt werden, wird als besonders arger Treubruch auch insofern Bedeutung haben, als die Überführung des Täters leichter sein wird. Der Begriff des Dienstverhältnisses ist bereits erläutert und demgemäß auch hier anzuwenden.

Das Delikt muß begangen sein „während der Geltungsdauer des Dienstverhältnisses". Auch dieses Tatbestandsmerkmal ist bereits erörtert.[1]) Es ist die Ergänzung zu den den Täterkreis abgrenzenden Bestimmungen. Es sollte damit zum Ausdruck gebracht werden, daß nach Beendigung des Dienstverhältnisses der Angestellte das, was er in seinem Kopfe davonträgt, in neuer Stellung verwerten darf. Auch diese Bestimmung ist eine Konsequenz der gesetzgeberischen Absicht, das Vertrauensverhältnis zwischen Prinzipal und Angestellten zu schützen. Dem muß aber auch, wie nochmals hervorgehoben sein mag, die Auslegung folgen, indem sie verhindert, daß der Angestellte sich willkürlich von seiner Schweigepflicht befreien kann.

Was sodann den subjektiven Tatbestand des § 9 Abs. 1 anlangt, so wird zunächst Vorsatz, d. h. Kenntnis der sämtlichen Tatbestandsmerkmale nötig sein, da nach der Redaktionsgewohnheit des Reichsstrafgesetzbuchs, dessen allgemeine Grundsätze ja auch hier gelten, Vorsatz anzunehmen ist, wo das Gesetz den subjektiven Tatbestand nicht in andrer Weise fixiert. Es scheidet also die Fahrlässigkeit und damit der bekannte Fall des versehentlichen Liegenlassens von geheimen Schriftstücken aus, doch kann, wie bereits erwähnt, vorsätzliches Unterlassen den Tatbestand erfüllen.

Ein Streit über die Vorsätzlichkeit der Begehung wird hier aber kaum entstehen können, da der Paragraph, sich dadurch scharf von den § 300 Str.G.B. unterscheidend und der Tendenz

---

[1]) Vgl. oben S. 56.

[2]) Irrtum über das „unbefugt" wird häufig möglich sein, und § 9 Str.G.B. dann anzuwenden.

des Gesetzes zuwendend, eine spezifische Deliktsabsicht verlangt. Die Mitteilung muß „zu Zwecken des Wettbewerbs“ oder „in der Absicht, dem Inhaber des Geschäftsbetriebs Schaden zuzufügen“, geschehen. Im ersteren Falle muß sie erfolgen, um dem Mitteilenden oder dem Empfänger einen Vorteil im Kampfe um den Absatz zu verschaffen. Das bloße Bewußtsein, daß die Mitteilung diese Wirkung haben wird oder haben kann, wird genügen.[1]) Doch ist es nicht gleichgültig, auf welcher Seite dieses Bewußtsein vorhanden ist. Der Mitteilende muß es haben.[2]) Die Mitteilung muß aber überhaupt den Wettbewerb möglich machen. Wichtige Kriterien für die Feststellung der Absicht werden daraus zu entnehmen sein, daß der Mitteilende voraussehen konnte, der Empfänger werde die Mitteilung zum Wettbewerbe verwenden, und ferner aus dem plötzlichen unmotivierten Verlassen der Stellung durch den Angestellten und seinem darauf folgenden Übertritt zur Konkurrenz.

Ob der Wettbewerbszweck erreicht wird, ist für die Strafbarkeit ebenso unerheblich, wie bei dem andern subjektiven Merkmal der Umstand, daß ein Schaden eingetreten ist. Gleichfalls ohne Einfluß ist, ob der Mitteilende neben der Schädigungsabsicht ein anderes Motiv, insbesondere etwa Gewinnsucht, hat. Die Absicht muß sich gegen den Inhaber des Geschäftsbetriebes richten. Der Schaden kann auch ein moralischer sein, nicht bloß Vermögensschaden, wie man mit Rücksicht darauf, daß im Geschäfts- und Betriebsgeheimnis auch die Individualleistung als solche geschützt werden soll, anzunehmen haben wird.[3])

Die Vollendung tritt mit dem Augenblicke ein, wo die Mitteilung an den andern gelangt, für den sie bestimmt ist. Die Möglichkeit der Kenntnisnahme genügt nicht.[4]) Der Ver-

---

1) Ebenso Hauß 90, a. M. Finger n. 2 a zu § 6. Auch sonst gebrauchen die Strafgesetze sogar den präziseren Ausdruck „absichtlich“ gleich „wissentlich“; vgl. z. B. § 266 Str.G.B., § 312 H.G.B..

2) a. M. die meisten.

3) Vgl. Finger Komm. S. 273.

4) Ebenso Finger Komm. S. 274.

such ist nicht strafbar. Ist also von seiten des Angestellten alles getan, um dem „andern" den Empfang der Mitteilung zu ermöglichen, der Empfang wird aber irgendwie vereitelt, so kann Bestrafung nicht erfolgen.

2. Schutz gegen Verrat durch Nichtangestellte.

a) Gegen Konkurrenten.

Die nun zu erörternden Bestimmungen richten sich gegen den Verrat durch Nichtangestellte. Doch ist dieser Gesichtspunkt nicht konsequent durchzuführen, da die allgemeine Fassung des § 9 Abs. 2 auch Begehung durch die im § 9 Abs. 1 genannten Personen zuläßt, wofern sie nur ihre Kenntnis des Geheimnisses durch eine gegen das Gesetz oder die guten Sitten verstoßende Handlung erlangt haben. Doch haben alle die folgenden Fälle im Gegensatz zu dem des § 9 Abs. 1 das gemeinsam, daß sie nicht erst mittelbar, sondern unmittelbar concurrence déloyale sind. Der Gesichtspunkt des Vertrauensverhältnisses kommt nicht mehr oder nur vereinzelt und nebensächlich in Betracht. Es sind reine Wettbewerbshandlungen, die vorzugsweise getroffen werden sollen, und deshalb richten sich die Bestimmungen vor allem gegen Nichtangestellte. In den Bestimmungen der Versicherungsgesetze kommt daneben noch ein Gesichtspunkt publizistischer Natur in Betracht, wie weiter unten zu erörtern sein wird.

Was zunächst den § 9 Abs. 2 des Gesetzes vom 27. Mai 1896 angeht, so kann Täter jeder sein. Die Handlung besteht in dem unbefugten Verwerten oder Mitteilen von Geschäfts- oder Betriebsgeheimnissen zu Zwecken des Wettbewerbs, die in bestimmter Weise erlangt sind. Ein Geheimnis verwerten heißt, Handlungen vornehmen, um Gewinn aus ihm zu ziehen. Demnach ist nicht erforderlich, daß wirklich Gewinn gezogen wurde. Man spricht von der Verwertung eines Patentes schon bei der Ausführung der Patentidee zu Gewinnzwecken, selbst wenn der Vertrieb der patentierten Gegenstände noch nicht einmal begonnen hat. Das Wort „Mitteilen" (vgl. über die

Auslegung oben S. 59 ff.), tritt hier in eine eigentümliche Beziehung zu dem „Verwerten“. Auch Mitteilung eines Geheimnisses wird oft nur eine Form der Verwertung sein. Doch wird man hier umgekehrt das „Mitteilen“ für den weiteren Begriff halten müssen, indem hierbei der Zweck, einen Gewinn zu erlangen, außer Betracht bleibt, während dies zum Begriffe des „Verwertens“ gehört. Alle die hierher zu rechnenden Handlungen werden, wie es der Tendenz des Gesetzes entspricht, auf den Kreis der gewerblichen Beziehungen (gewerblich in dem in S. 27 ff. dargestellten Sinne) beschränkt durch den Zusatz „zu Zwecken des Wettbewerbs“, der hier ebenso zu verstehen ist wie in § 9 Abs. 1. Unbefugt wird die Handlung aus denselben Gründen wie in § 9 Abs. 1 sein, vielmehr, sie wird aus denselben Gründen zu einer befugten werden. Häufig werden hier die Fälle sein, wo die Befugnis sich auf Vertrag gründet.

Gerichtet ist die Handlung gegen Geschäfts- oder Betriebsgeheimnisse, deren Kenntnis der Täter durch eine der im Abs. 1 bezeichneten Mitteilungen oder durch eine gegen das Gesetz oder die guten Sitten verstoßende eigene Handlung erlangt hat. Zunächst wird also nach der einmal erfolgten Offenbarung des Geheimnisses die weitere Verletzung verhindert. Damit geht das Gesetz den hier in Rede stehenden Angriffshandlungen Schritt für Schritt nach.

Der durch Offenbarung erlangten Kenntnis ist also diejenige gleichgestellt, die gegen das Gesetz oder die guten Sitten verstößt. Was die erste Alternative anlangt, so fällt darunter jede gegen eine Rechtsnorm verstoßende Handlung. Es gehören hierher alle Fälle, in denen die Kenntnis durch eine den Strafgesetzen zuwiderlaufende Handlung erlangt ist, sodann die durch eine unerlaubte Handlung (§§ 823 ff. B.G.B.) erlangte Kenntnis.[1])

---

[1]) Die von Fuld und Finger erwähnten Bestimmungen der Arbeiterversicherungsgesetze können hier nicht in Betracht kommen. Dort ist zunächst die Offenbarung bedroht, sie verstößt also gegen das Gesetz. Der Aufsichtsbeamte, der die auf der Inspektion erlangten Betriebsgeheimnisse für sich verwertet, ohne sie zu offenbaren, kann nicht nach § 9 Abs. 2 bestraft werden. Nur eine

Wann eine Handlung gegen die guten Sitten verstößt, muß dem Ermessen des Richters vorbehalten bleiben, der die Beurteilung nach den jeweils geltenden Verkehrsanschauungen vorzunehmen hat. Vielfach läßt die in den Kommentaren vertretene Kasuistik das Bestreben erkennen, hier zu strenge Auffassungen geltend zu machen. Wenn auch jeder Versuch, eine besondere kaufmännische Moral zu begründen, zurückgewiesen werden muß, so wird man doch nie vergessen dürfen, daß man sich hier auf einem Kampfplatz wirtschaftlicher Interessen bewegt, und daß auch der Gesetzgeber nur die schlimmsten Auswüchse des Konkurrenzkampfes hat abschneiden wollen. Nützlich wird bei der Auslegung die Berücksichtigung des Begriffs des unlauteren Wettbewerbes als einer durch das Angriffsmittel gekennzeichneten Handlung sein.

Hier ist auch der vielbesprochene Fall des détournement d'ouvriers, des Ausmietens von Arbeitern, zu erörtern, der schon im französischen Recht als Fall der concurrence déloyale angesehen wurde. Es sind hier zwei Fälle zu unterscheiden. Der eine erledigt sich durch die positive Bestimmung des § 125 G.O. sehr einfach. Dort wird die Verleitung eines Gesellen oder Gehülfen, die Arbeit vor rechtmäßiger Beendigung des Arbeitsverhältnisses zu verlassen, als eine zum Schadensersatz verpflichtende Handlung hingestellt. Wird nun durch ein solches Ausmieten Kenntnis von einem Geschäfts- oder Betriebsgeheimnis erlangt, so kann § 9 Abs. 2 Anwendung finden, da eine gegen das Gesetz verstoßende Handlung vorliegt. Stand der Angestellte noch im Dienstverhältnisse, so ist § 9 Abs. 2 ebenfalls anwendbar, da die Kenntnis durch eine Mitteilung nach § 9 Abs. 1 erlangt ist. Zweifelhaft ist die Sache in allen anderen Fällen. Eine Erlangung der Kenntnis durch eine Mitteilung im Sinne des § 9 Abs. 1 liegt, wenn unsere Auffassung über die Geltungsdauer des Dienstverhältnisses richtig ist, nicht vor, wenn das Engagement nach ordnungs-

---

Art der Verwertung, nämlich das Nachahmen von Betriebsweisen, solange sie Betriebsgeheimnisse sind, ist strafbar. Hier steht aber die betr. Bestimmung zum § 9 Abs. 2 im Verhältnis der lex specialis zur lex generalis, letztere kann also nicht zur Anwendung kommen.

mäßiger Beendigung des früheren Dienstverhältnisses erfolgte, selbst wenn es geschah, um von dem Engagierten Geheimnisse des früheren Geschäftsbetriebs zu erlangen. Es fragt sich nur, ob die Kenntnis in diesem Falle durch eine gegen die guten Sitten verstoßende Handlung erlangt, ob also das Engagieren in der Absicht, Kenntnis von dem Geheimnisse zu erlangen, gegen die guten Sitten verstößt. Es ist hier angeführt worden, daß keine eigene Handlung zur Erlangung der Kenntnis vorliege, die Handlung des Engagierten aber erlaubt sei. Das Gesetz sagt nicht, daß die Erlangung der Kenntnis unmittelbar durch die betreffende Handlung geschehen sein muß. Sie kann auch mittelbar erfolgen, wenn nur der Zusammenhang ein derartiger ist, daß sich die Erlangung der Kenntnis noch auf die Handlung zurückführen läßt. Dies ist aber hier der Fall. Die Handlung des Engagierenden, an sich eine erlaubte, ist hier durch die Absicht zu einer gegen die guten Sitten verstoßenden geworden. Den guten Sitten entspricht es, jemand um der durch ihn in dem Konkurrenzunternehmen erlangten Kenntnisse und Erfahrungen willen zu engagieren. Was darüber hinausgeht, entspricht ihnen nicht mehr. Auch hier tritt jene allerdings schwer zu ziehende Grenze zwischen dem, was Geheimnis des Geschäftsbetriebes und dem, was es nicht ist, hervor.

Streitig ist, ob die Benutzung eines durch Zufall bekannt (sog. Verlust des Geheimnisses) gewordenen Geheimnisses strafbar ist. Dies wird schon deshalb zu verneinen sein, weil § 9 Abs. 2 nicht die gegen die guten Sitten verstoßende Verwertung, sondern die so erlangte Kenntnis bedroht. Nahe liegt hier der Fall, wo jemand die auf Grund eines Rechtes oder bona fide erlangte Kenntnis von einem Geheimnisse mala fide verwertet. (Es wird hierbei an den Fall gedacht, wo jemand irrtümlich eine für einen Konkurrenten bestimmte Ladung untersucht und so Geheimnisse erfährt.) Die Verwertung der bona fide erlangten Kenntnis wird hier aus demselben Grunde wie die der durch Zufall erlangten straflos sein. Ein dolus subsequens ist hier nicht zu konstruieren, wie Müller versucht, da das Gesetz fordert, daß die Kenntnis in bestimmter Weise erlangt ist. Ist sie einmal erlangt, und zwar in anderer Weise, so kann sie nicht mehr anders erlangt werden. Finger beruft sich auf den § 226 B.G.B. zu Unrecht. Denn einmal ist die Ausübung des Rechtes der Besichtigung nicht bloß geschehen, um dem andern Schaden zuzufügen. In der Besichtigung liegt also kein Mißbrauch des Rechts. Selbst zugegeben, daß in der Verwertung der so erlangten Kenntnis ein Mißbrauch des Rechts liegt, so ist diese Ausübung nach § 226 doch nur unzulässig. Dies ist aber nicht gleichbedeutend mit „gegen die guten Sitten verstoßend" und sie erfolgt hier offenbar nicht „nur", um dem andern Schaden zuzufügen.

Für den subjektiven Tatbestand ist hier ebenfalls Vorsatz erforderlich. Dem Täter müssen, wenn er die Kenntnis von Geheimnissen durch Verrat eines Angestellten erlangt, alle Tatsachen bekannt sein, die § 9 Absatz 1 zur Strafbarkeit erfordert.[1])

Zur Vollendung genügt nicht schon die Erlangung der Kenntnis in der durch die Bestimmung charakterisierten Weise, sondern es ist Benutzung der erlangten Kenntnis durch Verwertung oder Mitteilung an andere erforderlich.

Weder der Absatz 1 noch der Absatz 2 bedrohen den Versuch mit Strafe. Trotz der Bemühungen von verschiedenen Seiten ist hiervon abgesehen worden.

Was die Teilnahmehandlungen zu den bisher betrachteten Delikten angeht, so kann zu der Handlung des § 9 Absatz 1 ein Dritter, insbesondere ein Konkurrent, Anstifter und Gehülfe, aber nicht Mittäter sein. Umgekehrt können Angestellte des Geschäftsbetriebes, gegen dessen Geheimnisse sich die Tat richtet, sowohl als Teilnehmer, wie als Anstifter, wie als Gehülfen in Frage kommen. Bei der Handlung des § 9 Absatz 2 kann Mittäterschaft von Angestellten und Dritten vorkommen. Im übrigen gelten für die Täterschaft sowohl wie für die Teil-

---

[1]) Fuld 165 hebt richtig hervor, daß die Kenntnis sich nicht auf den Zweck des Wettbewerbs, der bei dem Mitteilenden etwa vorhanden ist, zu beziehen braucht, da § 9 Abs. 1 auch dann anwendbar ist, wenn die Wettbewerbsabsicht nur auf seiten des Empfängers der Mitteilung vorhanden ist.

nahme als auch für den Versuch, die allgemeinen strafrechtlichen Grundsätze mit der durch den § 10 des Gesetzes vom 27. Mai 1896 aufgestellten Ausnahme. Dort heißt es: „wer zum Zwecke des Wettbewerbs es unternimmt, einen anderen zu einer unbefugten Mitteilung der im § 9 Absatz 1 bezeichneten Art zu bestimmen, wird mit Geldstrafe bis zu 2000 M. oder Gefängnis bis zu 9 Monaten bestraft". Anstiftung ist die Bestimmung zu der von einem andern begangenen strafbaren Handlung. Hier im § 10 soll die erfolglose Bestimmung zum Verrat getroffen werden. Welche Handlungen unter den Begriff des „Unternehmens" fallen, ist streitig, wie überall, wo der Begriff auftaucht. Der Ausdruck findet sich u. a. schon in den §§ 81—83, 159 Str.G.B. In § 82 Str.G.B. wird er definiert. Doch herrscht darüber zum größten Teil Übereinstimmung, daß diese Definition nur für das Delikt des Hochverrats gilt und nicht auf andere Delikte anzuwenden ist.[1]) Dann aber ist als Unternehmen jede Handlung anzusehen, durch welche das deliktische Vorhaben mittelbar oder unmittelbar zur Ausführung gebracht werden soll. Es gehören dazu nicht bloß Handlungen, die einen Anfang der Ausführung enthalten, also Versuchshandlungen (§ 43 Str.G.B.), sondern auch die sonst straflosen Vorbereitungshandlungen.[2]) Unerheblich ist die Art der Mittel, die angewandt werden. Dadurch, daß alle diese Handlungen im § 10 zu einem delictum sui generis werden, ist ein Versuch, der im § 10 bedrohten Handlung, der Rücktritt gemäß § 46 Str.G.B. und die Herabsetzung der Gehülfenstrafe unmöglich.[3])

Die Bestimmung zum Verrat muß „zu Zwecken des Wettbewerbs" erfolgen. Dieses Tatbestandsmerkmal ist wie in den

---

[1]) Vgl. v. Liszt Lehrbuch S. 200, Entscheidung des R.G. in Strafsachen Bd. 3 S. 26, a. M. Meyer Lehrbuch des Strafrechts S. 200 und die dort Citierten.

[2]) Müller 147 verlangt, daß die Handlung geeignet sein muß. Diese Auffassung trägt etwas ganz Fremdes in den Begriff hinein, da nach geltendem Recht selbst für die Versuchshandlung dies kein Erfordernis ist. Das Ausmieten von Arbeitern kann unter Umständen schon nach § 10 strafbar sein.

[3]) Vgl. v. Liszt Lehrbuch 187, a. M. Meyer Lehrbuch S. 202, der aus der selbständigen Bedrohung des Delikts auch die Folgerung zieht, daß dessen Versuch möglich ist.

übrigen Vorschriften auszulegen. Ob die Wettbewerbsabsicht des Verleitenden dem „andern“ bekannt ist, ist unerheblich. Der subjektive Teil des § 9 Abs. 1 wird hier immer imaginär sein, da es sich ja um erfolglose Bestimmung zum Verrat handelt. Auch § 10 erfordert Vorsatz oder dolus eventualis.

Das Bild der Vergehungen gegen das Geheimnis wird sich, unter dem Gesichtspunkt der §§ 9, 10 betrachtet, etwa so gestalten. Der erste Ansatz zur Verletzung des Geheimnisses, die im Unternehmen zur Bestimmung des Verrats liegt, wird durch § 10 getroffen. Der versuchte Verrat fällt aus, er ist nicht strafbar. Den vollendeten Verrat trifft § 9 Abs. 1, die erfolgreiche Bestimmung dazu § 9 Abs. 1 in Verbindung mit § 48 Str.G.B. Die versuchte Benutzung der erlangten Kenntnis vom Geheimnisse fällt wiederum aus, aber § 9 Abs. 2 schützt gegen gewisse Arten der Benutzung sowohl durch Angestellte wie durch Dritte. Überall greifen die allgemeinen Bestimmungen des Str.G.B. ein, um die Teilnehmer zu strafen. Eine Zwischenstufe, deren Berücksichtigung im Gesetz gleichfalls verlangt worden war, das Erlangen der Kenntnis durch unlautere Handlungen, wie z. B. das Einschleichen, selbst wenn keine Verwertung der erlangten Kenntnis stattfand, ist unberücksichtigt geblieben. Der häufigste Handlungskomplex wird der Verrat nach Abs. 1 § 9 und Ausnutzung dieses Verrats nach Abs. 2 infolge der nach Abs. 1 erlangten Kenntnis sein. Aber auch die andern Alternativen des Abs. 2 werden in Verbindung mit unter Abs. 1 fallenden Handlungen auftreten.[1]) Ein Verletzung beider Absätze des § 9 durch ein und dieselbe Handlung ist denkbar, wenn der Täter Angestellter, Arbeiter oder Lehrling ist.

Schutz gegen beamtete Personen.

Allen diesen, nun zur Erörterung gelangenden Bestimmungen ist ein Charakteristikum gemeinsam, das sie von dem § 300 Str.G.B. und auch von dem größten Teile der unter das Gesetz vom

---

[1]) Wer durch ein Vergehen eines andern Kenntnis von dem Geheimnisse erlangt, hat die Befugnis zur Benutzung dieser Kenntnis, es sei denn, daß er seinerseits die Kenntnis durch eine im § 9 Abs. 1 charakterisierte Handlung erlangt hat.

27. Mai 1896 gehörenden Tatbestände unterscheidet. Während jene Bestimmungen davon ausgehen, daß das Geheimnis vom Geheimnisinhaber selbst anvertraut oder wenigstens sonst in einer Weise zugänglich gemacht ist, und ganz besonders § 300 l. c. auf die Fälle berechnet ist, wo jemand freiwillig einen andern ins Vertrauen zieht, entspringen diese dem Bedürfnis der vom Geheimnisinhaber erzwungenen oder ihm doch wenigstens als Pflicht auferlegten Offenlegung seines Betriebes und damit seiner Geheimnisse ein Äquivalent zu schaffen.

Die Schutzbedürftigkeit der Betriebe[1]) in dieser Richtung ist frühzeitig, schon durch das Unfallversicherungsgesetz von 1884, anerkannt worden. Sie ergibt sich insbesondere aus den umfassenden Befugnissen, die den Genossenschaften zur Erfüllung ihrer Aufgaben vom Gesetz eingeräumt sind, und aus der Schaffung von besonderen Gerichten für die Zwecke des Versicherungswesens. Die Genossenschaften haben die Pflicht, für die Durchführung der gesetzlichen Unfallverhütungsvorschriften Sorge zu tragen. Um diesen Pflichten nachkommen zu können, erhalten sie durch das Gesetz zwei wichtige Befugnisse, zu deren Durchführung im äußersten Falle der staatliche Zwang hilft: das Recht, durch technische Aufsichtsbeamte die Befolgung der Vorschriften zu überwachen und von den Einrichtungen der Betriebe, soweit sie für die Zugehörigkeit der Genossenschaft und für die Einschätzung in den Gefahrentarif von Bedeutung sind, Kenntnis zu nehmen, sodann das Recht, Geschäftsbücher und Lohnlisten einzusehen, aus denen Zahl, Gehälter und Löhne der beschäftigten Beamten und Arbeiter ersichtlich werden.[2]) Bezüglich der Schiedsgerichtsbeisitzer ist die Gesetzgebung erst in neuester Zeit dem Wunsche der Industrie nach Schutz nachgekommen, obgleich die Gefahr einer Verletzung des gewerblichen Geheimnisses mindestens so nahe lag, wie in den anderen Fällen, denn diese Beisitzer, welche von dem Ausschusse der Versicherungsanstalt gewählte

---

[1]) Hier im engeren, von der Gewerbeordnung gemeinten Sinne verstanden.

[2]) Gew.U.G. § 119 L. § 126 S. § 123 B. § 40, wo das Aufsichtsrecht der Genossenschaft sogar auf diejenigen Unternehmer ausgedehnt ist, die, ohne Mitglied der Genossenschaft zu sein, in deren Bezirk Bauarbeiten ausführen.

Arbeitgeber und Arbeitnehmer sind[1]) und denen nunmehr die Entscheidung in fast allen Streitigkeiten[2]) auf Grund der Unfallversicherungsgesetze anvertraut ist, sind zur Inaugenscheinnahme desjenigen Teiles eines Betriebes, wo der Unfall vorgekommen ist, befugt. Dies muß ihnen der Betriebsunternehmer gestatten.[3]) Oft werden sich unter ihnen Konkurrenten oder Arbeiter von Konkurrenten befinden. Ein Ablehnungsrecht aber statuieren die Gesetze nicht. Aus diesen Gründen hat man sich auch entschlossen, die Schiedsgerichtsbeisitzer jetzt in den Bestimmungen über die Schweigepflicht zu erwähnen.[4])

Der Schutz erstreckt sich meist nur auf die Betriebsgeheimnisse. Der Verrat oder die Verwertung von Geschäftsgeheimnissen kann nach diesen Gesetzen nicht oder nur ausnahmsweise bestraft werden. Der Schutz ist ein zwiefacher, er ist präventiv und repressiv. Ein Präventivschutz wird dadurch gewährt, daß dem Betriebsunternehmer das Recht eingeräumt wird, wenn er die Verletzung eines Fabrikgeheimnisses oder die Schädigung seiner Geschäftsinteressen durch die technischen Aufsichtsbeamten infolge der Besichtigung des Betriebes fürchtet, die Besichtigung durch andere Sachverständige zu verlangen.[5]) Dieser Schutz wird deshalb nicht sehr stark sein, weil er sich nur gegen die technischen Aufsichtsbeamten richtet und, weil die Besichtigung nur durch einen Sachverständigen erfolgen kann, sodaß die Befürchtung des Betriebsunternehmers immer vorhanden bleibt.[6])

Deshalb gewährt das Gesetz einen umfassenderen Schutz, indem es gewissen, den überwachenden oder richterlichen Be-

---

1) § 3 Hauptgesetz in Verbindung mit den §§ 103—107 Inv. und den dort in Bezug genommenen Bestimmungen.

2) Hauptgesetz § 3 S. 1 und 2.

3) § 9 Hauptgesetz Abs. 1.

4) Vgl. Kommissionsberichte S. 151, Graef zu § 150 Gew.U.G.

5) So die §§ 120 Gew.U.G., § 127 L. § 40 B. Das S. hat dieses Ablehnungsrecht nicht. Gegen die Beisitzer der Schiedsgerichte gibt es überhaupt kein Ablehnungsrecht.

6) Allerdings darf der Unternehmer geeignete Personen bezeichnen, muß sich aber darüber mit dem Vorstande der Genossenschaft verständigen.

hörden der Versicherungsgesetzgebung angehörenden Personen[1]) die Verpflichtung auferlegt, über diejenigen Tatsachen, die durch ihre amtliche Tätigkeit, sei es durch die Besichtigung des Betriebes, wie bei den Schiedsgerichtsbeisitzern, oder durch die Überwachung und Kontrolle der Betriebe zu ihrer Kenntnis kommen, Verschwiegenheit zu beobachten und sich der Nachahmung der von dem Betriebsunternehmer geheimgehaltenen, zu ihrer Kenntnis gelangten Betriebseinrichtungen und Betriebsweisen, so lange als diese Betriebsgeheimnisse sind, zu enthalten.[2]) Auch hier setzt der Schutz mit einer Präventivmaßregel ein: die in Frage kommenden Personen werden auf ihre Schweigepflicht vereidigt. Die Repressivmaßregeln sind Disziplinierung und Bestrafung. Die erstere ist die einzige allen Unfallversicherungsgesetzen gemeinsame Maßregel und richtet sich gegen die Schiedsgerichtsbeisitzer. Der als solcher Gewählte kann nämlich durch Beschluß des Vorstandes des Schiedsgerichtes seines Amtes enthoben werden, wenn Tatsachen über ihn bekannt geworden sind, die sich als grobe Verletzung seiner Amtspflicht darstellen.[3]) Als eine solche wird man die Verletzung der oben gedachten eidlichen Verpflichtung anzusehen haben.

Die Bestrafung wird von allen Unfallversicherungsgesetzen mit Ausnahme des Seeunfallversicherungsgesetzes angedroht. Von allen wird übereinstimmend ein einfacher und ein nach verschiedenen Richtungen hin qualifizierter Tatbestand konstruiert, in denen je nach den Bedürfnissen des betreffenden Gesetzes der Täterkreis differiert. Der einfache Tatbestand umfaßt die unbefugte Offenbarung von Betriebsgeheimnissen;[4])

---

[1]) Diesen Personen gegenüber gilt das Ablehnungsrecht des zitierten § 120 nicht, da dieser nicht analog anwendbar ist. Vgl. Graef zu § 150 Gew.U.G.

[2]) Gew.U.G. § 121, L. § 128, S. § 124, B. § 40.

[3]) Es muß ihm Gelegenheit zur Äußerung gegeben werden. Gegen den Beschluß ist binnen einem Monat die nicht suspensiv wirkende Beschwerde an das Reichsversicherungsamt zulässig. Vgl. § 91 Inv.Vers.Ges. in Verbindung mit den §§ 103—107 daselbst und § 9 Hauptgesetz.

[4]) Gew.U.G. § 150 L. § 160 B. § 45 I. § 185: „Die Mitglieder u. s. w. werden, wenn sie unbefugt Betriebsgeheimnisse offenbaren, die kraft ihres Amtes

der qualifizierte ist ein doppelter: die absichtlich zum Nachteile des Betriebsunternehmers erfolgte Offenbarung von Betriebsgeheimnissen und die Nachahmung von geheim gehaltenen Betriebseinrichtungen und Betriebsweisen.[1]) Nur dieser letztere Tatbestand entspricht der doppelten Verpflichtung, die den in Betracht kommenden Personen durch § 120 Gew.U.G. und die ihm entsprechenden Bestimmungen auferlegt ist. Diese Personen sind im Gew.U.G. die Mitglieder der Vorstände der Genossenschaften, sowie deren technische Aufsichtsbeamte und Rechnungsbeamte und die nach § 120 desselben Gesetzes ernannten Sachverständigen, sowie die Beisitzer der Schiedsgerichte, im Unfallversicherungsgesetz für die Land- und Forstwirtschaft dieselben und die Mitglieder der Genossenschaftsausschüsse, im Seeunfallversicherungsgesetz die Mitglieder der Genossenschafts- und Sektionsvorstände, sowie deren technische Aufsichts- und Rechnungsbeamte (die aber nicht bestraft werden können, wie schon erwähnt), im Bauunfallversicherungsgesetz dieselben Personen wie im Gewerbeunfallversicherungsgesetz,

oder Auftrags zu ihrer Kenntnis gelangt sind, mit Geldstrafe bis zu 1500 Mark oder mit Gefängnis bis zu drei Monaten bestraft. Die Verfolgung tritt nur auf Antrag des Betriebsunternehmers ein.“ Getroffen werden durch das Gew.U.G. die Mitglieder der Vorstände und Genossenschaften sowie deren technische Aufsichtsbeamte und Rechnungsbeamte, die nach § 120 ernannten Sachverständigen und die Schiedsgerichtsbeisitzer; durch das L. die Mitglieder der Vorstände der Genossenschaften und die Mitglieder der Genossenschaftsausschüsse zur Entscheidung über die Beschwerden, die in Gemäßheit der §§ 126, 127 ernannten technischen Aufsichtsbeamten und Sachverständigen, sowie die Beisitzer der Schiedsgerichte. Das Seeunfallversich.-Gesetz verpflichtet die Mitglieder der Genossenschaftsvorstände und der Sektionsvorstände sowie deren technische Aufsichtsbeamte und Rechnungsbeamte zum Schweigen, droht aber keine Strafe an.

[1]) Gew.U.G. § 151, L. § 161, B. § 45, Inv. § 186. „Die im § 150 bezeichneten Personen werden mit Gefängnis, neben dem auf Verlust der bürgerlichen Ehrenreehte erkannt werden kann, bestraft, wenn sie absichtlich zum Nachteile der Betriebsunternehmer Betriebsgeheimnisse, die kraft ihres Amtes oder Auftrags zu ihrer Kenntnis gelangt sind, offenbaren oder geheim gehaltene Betriebseinrichtungen oder Betriebsweisen, die kraft ihres Amtes oder Auftrags zu ihrer Kenntnis gelangt sind, solange als diese Betriebsgeheimnisse sind, nachahmen. Tun sie dies, um sich oder einem andern einen Vermögensvorteil zu verschaffen, so kann neben der Gefängnisstrafe auf Geldstrafe bis zu 3000 Mark erkannt werden.“

im Inval.Vers.Ges. die Mitglieder des Vorstandes, des Ausschusses der Rechnungsstellen bei der Reichsversicherungsanstalt, die beamteten Mitglieder des Reichsversicherungsamtes und der Landesversicherungsämter, die Beamten der Hebestellen und die Kontrollbeamten.[1][2] Die vom Gesetz verwendeten Begriffe sind uns schon bekannt. Über die Schwierigkeit der Unterscheidung zwischen Betriebsgeheimnissen einerseits und geheim gehaltenen Betriebseinrichtungen und Betriebsweisen andererseits ist bereits gesprochen. Die Befugnis zur Offenbarung wird hier vielfach aus der Pflicht zur Erstattung von Anzeigen herzuleiten sein. Zu bemerken ist, daß die Kenntnis nicht nur gelegentlich, sondern durch die Ausübung des Amtes oder Auftrags erlangt sein, diese also jener kausal sein muß.[3]

In dem zweiten, vom Gesetze aufgestellten Tatbestande wird „absichtlich“ gleich „wissentlich“ wie im Gesetz betreffend unlauterer Wettbewerb aufzufassen sein.

Die Reichsgewerbeordnung, der wir uns jetzt zuwenden, nahm zuerst am 1. Juni 1891 eine direkte Bestimmung zum Schutze des Geschäfts- und Betriebsgeheimnisses auf. Sie bestimmte im § 139b, daß die ausschließlich oder neben der Polizeibehörde für die Aufsicht bestellten Beamten[4] zur Geheimhaltung der amtlich zu ihrer Kenntnis gelangenden Geschäfts- und Betriebsverhältnisse der ihrer Revision unterliegenden Anlagen zu verpflichten sind. Ihre Aufsichtsbefugnisse erstrecken sich nach drei Richtungen: Kontrolle der Durchführung, der Vorschriften a) über die Sonntagsruhe,

---

[1]) Vgl. Gebhard S. 784.

[2]) Gegen Verletzung des Betriebsgeheimnisses durch die Vorstände der Schiedsgerichte schützen die jeweiligen Disziplinarbestimmungen, da diese Personen und ihre Stellvertreter aus den öffentlichen Beamten von der Centralbehörde des Bundesstaates, in dem der Sitz des Schiedsgerichts ist, ernannt werden. Den bei den Versicherungsanstalten beschäftigten Bureau-, Kanzlei- und Unterbeamten sind nach dem Gesetz die Rechte und Pflichten von Staats- oder Kommunalbeamten zu übertragen, soweit sie nicht schon nach dem für sie geltenden Landesrecht als solche anzusehen sind. Vgl. § 98 Inv.V.G.

[3]) Gebhard a. a. O. Anm. 5 zu § 185 Gew.U.G.

[4]) In Preußen Regierungs- und Gewerberäte, Gewerbeinspektoren und Bergrevierbeamte, vgl. v. Rohrscheidt, Gew.-Ordn. Anm. 4 zu § 139 b.

b) über den Schutz der Arbeiter gegen Gefahren für Leben, Gesundheit und Sittlichkeit (§§ 120 a—e), c) über die Verhältnisse der Fabrikarbeiter (§§ 134—139a), insbesondere also über die Arbeitsordnung und die Beschäftigung der jugendlichen und weiblichen Arbeiter. Dieser Wirkungskreis der Gewerbeaufsichtsbeamten, der besonders durch die zu b und c genannten Befugnisse Gelegenheit zum Kennenlernen der gewerblichen Geheimnisse bieten wird, ist landesrechtlich vielfach erweitert worden.[1]) Der Schutz gegen ihre Indiskretionen ist in der Gewerbeordnung reiner Präventivschutz, denn es ist nur gesagt, daß sie auf Verschwiegenheit verpflichtet werden sollen. Der Repressivschutz liegt außerhalb der Gewerbeordnung im Staatsrecht, da die Gewerbeaufsichtsbeamten Landesbeamte sind. Als solchen liegt ihnen an sich Amtsverschwiegenheit ob, doch ist bezeichnend, daß die Wichtigkeit des gewerblichen Geheimnisses durch seine besondere Hervorhebung anerkannt ist. Der § 139b gewinnt so den Charakter einer Instruktionsvorschrift, die man, um ihre Wichtigkeit nach außen kenntlich zu machen, statt in die Ausführungsgesetze in die Gewerbeordnung selbst aufnahm. Sie erstreckt sich auf alle Betriebs- und Geschäftsverhältnisse der der Aufsicht unterstellten Anlagen,[2]) also nicht nur auf die geheim gehaltenen; sie ist insofern weiter als alle übrigen hier besprochenen Bestimmungen, indem es darauf nicht ankommt, ob Eigenheiten des Betriebes vorliegen. Wo also der Beamte Kenntnis von Geheimnissen erhält, die nicht zu diesen Anlagen gehören, greift § 139b nicht durch. Vor allen Dingen wird es sich dabei vielfach wieder um die reinen Geschäftsgeheimnisse handeln. Hier wird § 9 Abs. 2 des Gesetzes betreffend unlauteren Wettbewerb Schutz gewähren,[3]) aber auch nur dann, wenn schon das Erlangen des Geheimnisses gegen das Gesetz oder die guten Sitten verstößt. Ersteres wird wohl schon dann vorliegen, wenn der Beamte Geheimnisse erlangt, indem er Aufsichtsrechte ausübt, die über seinen Wirkungs-

[1]) Vgl. Nelken Arbeiterschutzgesetze, S. 909.

[2]) Nelken a. a. O. S. 913.

[3]) Diese Bestimmung steht hier nicht zum § 139b im Verhältnis einer lex generalis zur lex specialis, da sie einen ganz anderen Tatbestand trifft.

kreis hinausgehen. Auch in dieser Bestimmung ist der Begriff des „Unbefugten“ verwendet, indem positiv festgestellt wird, wann die Befugnis zur Offenbarung vorliegt. Enthalten die Geschäfts- oder Betriebsverhältnisse Gesetzwidrigkeiten, so ist Anzeige zu erstatten.[1])

Ähnlich wie in der Versicherungsgesetzgebung bedarf es auch hier in gewissen Fällen der Zuziehung von Sachverständigen, so bei Entscheidung über die Zulassung konzessionsbedürftiger Betriebe.[2]) Diesen gegenüber gab es, da und so weit sie nicht Beamte sind, keinen Schutz.[3]) Analog den Bestimmungen der Versicherungsgesetze wird auch hier das Offenbaren und Nachahmen geheim gehaltener Betriebseinrichtungen und Betriebsweisen verboten,[4]) also die Einschränkung zum Unterschied von § 139b wieder hergestellt. Hier wird auch Strafe angedroht.[5]) Entsprechend den §§ 150, 151 des Gewerbeunfall-Gesetzes wird ein einfacher und ein qualifizierter Tatbestand konstruiert. Im ersteren Falle tritt die Verfolgung nur auf Antrag ein, im letzteren von Amtswegen. Für das Mindestmaß der Strafen, das Verhältnis von Geldstrafe zur Freiheitsstrafe sowie für die Verjährung gilt das Reichsstrafgesetzbuch.[6]) Es ist also auch hier Umwandlung der Geldstrafe in Haft zulässig. Bemerkenswert ist, daß nicht die gewöhnliche Dreimonatsverjährung des Tit. X der Gew.-Ord., sondern die des R.Str.G.B. gilt. Diese Ausnahme ist mit Rücksicht auf die in §§ 150 151 des Gew.U.Ges. festgesetzte Strafe gemacht worden.[7])

---

[1]) Die Fassung des § 139 b Satz 3 ist wieder nicht sehr glücklich. Denn rein grammatisch interpretiert würde sie ergeben, daß der Beamte auch seiner vorgesetzten Behörde gegenüber, abgesehen von Gesetzwidrigkeiten, Verschwiegenheit bewahren muß. Diese Folgerung wird aber mit Rücksicht auf die Pflicht der Berichterstattung und die ratio legis nicht zu ziehen sein, ebenso Nelken a. a. O. S. 914.

[2]) § 21 Abs. 2 Ziff. 1 der Gew.-Ordn.

[3]) Vgl. v. Rohrscheidt a. a. O. Anm. 1 zu § 21 a.

[4]) § 21 a, Gew.-Ordn. nach der preuß. Ausf. Anw. Ziff. 18 sind die Sachverständigen im Erört.-Termin vor ihrer Vernehmung auf diese Pflicht hinzuweisen.

[5]) § 145 a Gew.-Ordn.

[6]) § 145.

[7]) Vgl. Rohrscheid a. a. O. zu § 145.

Von geringerer Bedeutung, weil auf den engen Kreis einer einzelnen Art von Unternehmungen beschränkt, sind die Bestimmungen des Gesetzes betreffend den Verkehr mit Ersatzmitteln für Butter vom 12. Juni 1897. Hier ergibt sich die äußere Notwendigkeit eines Schutzes daraus, daß die Unternehmer von Betrieben, in denen Margarine, Margarinekäse und Kunstspeisefett erzeugt werden, beziehungsweise ihre Betriebsleiter und Aufsichtspersonen verpflichtet sind, der Polizeibehörde oder ihren Beauftragten Auskunft über das Verfahren bei Herstellung, Erzeugnisse, über den Umfang des Betriebes, über die zur Verarbeitung gelangenden Rohstoffe, insbesondere auch über deren Menge und Herkunft zu erteilen. Der Schutz wird den Beauftragten der Polizeibehörde gegenüber nötig, da sie meist nicht Beamte sein werden. Er erstreckt sich auf alle Tatsachen und Einrichtungen, die durch das Amt zu ihrer Kenntnis gelangen, insofern als über sie Verschwiegenheit zu beobachten ist, und auf die geheim gehaltenen Betriebseinrichtungen und Betriebsweisen, insofern als sie nicht mitgeteilt oder nachgeahmt werden dürfen.[1])

Hier ist das Gesetz geschickter gefaßt, denn nicht nur die Anzeige von Gesetzwidrigkeiten, sondern auch die dienstliche Berichterstattung wird vorbehalten.

Es wird zunächst präventiv Schutz durch die Beeidigung der Sachverständigen geboten,[2]) sodann repressiv durch Strafandrohung.[3]) Die Verfolgung tritt nur auf Antrag ein.

Ganz ähnlich sind die entsprechenden Bestimmungen des Weingesetzes. Sie stimmen inhaltlich mit denen des Margarinegesetzes bis auf geringe Abweichungen überein, die sich aus dem Gegenstande ergeben. Beamte und Sachverständige haben weitgehende Kontrollrechte, die sich hier auch auf die geschäftlichen Aufzeichnungen, Frachtbriefe und Bücher erstrecken (§ 10). Andrerseits besteht die durch Strafe erzwingbare Pflicht der Betriebsinhaber und ihrer Vertreter, die Kontrolle zu ge-

---

1) § 10 des Gesetzes.

2) § 10 Abs. 2 daselbst.

3) § 15.

statten und durch Auskunft zu unterstützen (§ 11). Geschäfts- und Betriebsgeheimnisse genießen Repressiv- und Präventivschutz, insofern als die Beamten und Sachverständigen auf ihre Schweigepflicht zu beeiden sind und mit Geldstrafe bis 1500 Mark oder Gefängnis bis zu 3 Monaten bestraft werden, wenn sie über die durch die Aufsicht zu ihrer Kenntnis gekommenen Tatsachen und Einrichtungen nicht Verschwiegenheit beobachten oder Betriebseinrichtungen oder Betriebsweisen, solange als diese Betriebsgeheimnisse sind, anderen mitteilen (§ 14). Auch hier tritt die Verfolgung nur auf Antrag ein.

3. Strafen und Prozessuales.

Der Geheimnisverrat sowie der Geheimnisbrauch (§ 9 Abs. 1 und 2 betreffend unlauteren Wettbewerb) sind in gleicher Weise mit Geldstrafe bis zu 3000 Mark oder mit Gefängnis bis zu einem Jahr, das Unternehmen der Bestimmung zum Geheimnisverrat mit Geldstrafe bis zu 2000 Mark oder mit Gefängnis bis zu 9 Monaten Gefängnis bedroht. Es handelt sich also um Vergehen. Trotzdem ist mit Rücksicht auf die Voranstellung der Geldstrafe im Text des Gesetzes die Umwandlung derselben in Haft zulässig (§ 28 Str.G.B.). Die Verjährung ist die gewöhnliche Vergehensverjährung von 5 Jahren. Prinzipiell sind die Strafkammern sachlich zuständig,[1] doch treten die Schöffengerichte an ihre Stelle, sobald die Verfolgung im Wege der Privatklage geschieht.[2] Letzteres ist die Regel in den uns hier interessierenden Fällen, da die Strafverfolgung nur auf Antrag eintritt. Diese Regel wird, wie sonst in der Str.P.O. nur durchbrochen und öffentliche Klage von der Staatsanwaltschaft erhoben, wenn ein öffentliches Interesse vorliegt. Dazu wird selten Veranlassung vorliegen. Es handelt sich um Verletzung von Interessen eines einzelnen, die für seine Stellung im Wettbewerb wichtig sind und vorwiegend ihn angehen. In ganz besonders gearteten Fällen, wie z. B. in einem bei Stegemann Bd. 1 erwähnten, wo eine regelrechte Organisation zur Erlangung

[1]) § 72 des Gerichtsverfassungsgesetzes.
[2]) § 12 Abs. 4 Gesetz betr. unlauteren Wettbewerb.
[3]) § 12 Abs. 1 daselbst.

und Verwertung fremder Geheimnisse bestand, wird ein öffentliches Interesse vorliegen. Antragsberechtigt ist, wie sich aus dem Wortlaut des § 9 ergibt, der Inhaber des Geschäftsbetriebs. Es herrscht kein Zweifel darüber, daß die Urheberschaft am Geheimnisse für die Prüfung der Antragsberechtigung nicht in Betracht kommt; streitig aber ist, welcher Zeitpunkt für die Berechtigung entscheidend ist: derjenige des Verrats oder der der Stellung des Antrags. Die Frage ist wichtig für die andere Frage, ob das Antragsrecht übertragbar ist. Nach dem Str.G.B. ist nach richtiger Ansicht das Antragsrecht höchst persönlich, also nicht übertragbar.[1]) Müller[2]) will wegen der vermögensrechtlichen Natur der hier in Rede stehenden Verhältnisse die Rechtsnachfolge für zulässig halten. Das vermögensrechtliche Moment ist zwar vorhanden, aber wie oben nachgewiesen, nicht ausschlaggebend, und auch für die Entscheidung gerade dieser Frage irrelevant. Die Antragsberechtigung ist nicht zu verwechseln mit dem Schadensersatzanspruch, denn sie ist vom Vorhandensein eines Schadens unabhängig, und es kann auch insofern das vermögensrechtliche Moment nicht von Einfluß sein, als auch in den Fällen der auf Antrag durch Privatklage geschehenden Strafverfolgung nicht der Privatkläger, sondern der Staat der Strafanspruchsberechtigte ist. Es ist deshalb nur der Inhaber des Geschäftsbetriebs zur Zeit des Verrats antragsberechtigt.[3]) Dieser Schluß modifiziert sich im Falle des Verwertens nach § 9 Abs. 2. Für diejenigen Fälle, die nach der Veräußerung des Geschäftsbetriebs geschehen, ist auch der neue Inhaber antragsberechtigt, selbst wenn vielleicht Einheit der Begehung vorliegt. Im übrigen kommen die Bestimmungen der §§ 61 ff. Str.G.B., 414 ff. Str.P.O. zur Anwendung. Die Zurücknahme des Antrages ist zulässig.[4])

Der Schutz des Gesetzes wird durch § 16 grundsätzlich auf diejenigen beschränkt, die eine Hauptniederlassung im In-

---

[1]) Olshausen Komm. N. 18 zu § 61.

[2]) Komm. S. 49.

[3]) Ebenso Finger Komm. S. 286, Schmid gewerbl. Eigentum S. 352, Hauß Komm. § 98.

[4]) § 64 Str.G.B. in Verb. mit § 12 Abs. 2 des Gesetzes betr. unlauteren Wettbewerb.

lande besitzen. Hinsichtlich dieser ist aber die Staatsangehörigkeit der Inhaber des Geschäftsbetriebs gleichgültig. Man spricht deshalb von einer „Nationalität des Geschäfts“. Als Inland wird hier wie sonst allgemein das Reich, die Kolonien und die Konsularbezirke gelten. Die Ausdehnung des Schutzes auf andere ist davon abhängig gemacht, daß die Staaten, in denen sich ihre Hauptniederlassungen befinden, deutschen Gewerbtreibenden entsprechenden Schutz gewähren. Als Hauptniederlassung wird übereinstimmend, einer Entscheidung des Reichsgerichts entsprechend,[1]) der wirtschaftliche Mittelpunkt der geschäftlichen Operationen des Gewerbtreibenden angesehen. Formelles Kriterium für die Gegenseitigkeit ist die Bekanntmachung des Bestehens der Reziprozität, deren materielle Grundlagen der Richter, wie allgemein zugegeben wird, nicht zu prüfen hat. Damit verliert die in den Kommentaren breit erörterte Frage, welcher Schutz als „entsprechend“ anzusehen sei, ihre ganze Bedeutung.

Die Versicherungsgesetze bedrohen die einfache Offenbarung von Betriebsgeheimnissen mit Geldstrafe bis zu 1500 Mark oder Gefängnis bis zu 3 Monaten und verlangen für die Strafverfolgung einen Antrag. Antragsberechtigt ist hier der Unternehmer des gewerblichen Betriebes, zu dem das Betriebsgeheimnis gehört. In dem schweren Falle ist Gefängnis (also bis zu 5 Jahren), neben dem die Aberkennung der bürgerlichen Ehrenrechte zulässig ist, angedroht. Gefängnisstrafe und Geldstrafe bis zu 3000 Mark können kumuliert werden in den Fällen, wo die Absicht, sich oder einem andern einen Vermögensvorteil zu verschaffen, vorliegt. Das Margarinegesetz droht dieselbe Strafe wie die Versicherungsgesetze für den leichteren Fall an.

V. Schluß.

Wir haben gesehen, daß die Bestimmungen zum Schutze des gewerblichen Geheimnisses in den verschiedensten Gesetzen

[1]) Strafs. Bd. 21 S. 1.

verstreut sind. Ist der Versuch, sie alle unter einem einheitlichen Gesichtspunkte zusammenzufassen, als gelungen anzusehen, so wird man — insbesondere, da der letzte (26.) deutsche Juristentag dem Gesetzgeber empfohlen hat, den Stoff der strafrechtlichen Ergänzungsgesetze mindestens insoweit in das Strafgesetzbuch einzuarbeiten, als es zur Vereinfachung der gesetzlichen Tatbestände wünschenswert und zur Beseitigung der aus der Gelegenheitsgesetzgebung erwachsenen zahlreichen Inkonsequenzen notwendig ist — der Frage näher treten dürfen, ob diese Wünsche bei unserem Gegenstande in Erfüllung gehen können. Die Schwierigkeiten lassen sich nicht verkennen, besonders da die Pflicht der Schonung des gewerblichen Geheimnisses je nachdem ob der einfache Mitbewerber oder eine beamtete Person in Frage kommt, mit verschiedener Schärfe zu behandeln sein wird. Möglich ist die Erfüllung immerhin. Vielleicht kann die von uns gewählte Einteilung des Stoffes eine Unterlage für die Ausgestaltung der einzelnen Tatbestände abgeben. Inkongruenzen würden besonders durch eine vereinfachte Ausdrucksweise hinsichtlich des Gegenstandes des Schutzes beseitigt werden. Die Einarbeitung in das Reichsstrafgesetzbuch wäre, unserem Standpunkte entsprechend, nur möglich, wenn dieses in einer besonderen Gruppe die aus gewerblicher Leistung sich ergebenden Persönlichkeitsrechte zusammenstellt. Für eingehendere Vorschläge ist hier kein Raum.

Hand in Hand mit derartigen Veränderungen würde dann die Frage einer etwaigen Ausdehnung des Schutzes zu diskutieren sein, insbesondere desjenigen gegen die Angestellten des § 9 des Gesetzes betr. unlauteren Wettbewerb.

Hier werden sich die Wünsche namentlich auf eine Verlängerung des Schutzes über die Geltungsdauer des Dienstverhältnisses hinaus richten. Man wird ihnen entgegentreten müssen, da die Arbeit des Angestellten in gleicher Weise Schutz verdient, wie diejenige des Prinzipals. Dazu kommt, daß schon nach § 9 Abs. 2 a. a. O. auch der Angestellte, der nach rechtlicher Beendigung des Dienstverhältnisses Geheimnisse verwertet, die er in einer gegen das Gesetz oder die guten Sitten vorstoßenden Weise erlangt hat, zur Verantwortung gezogen werden kann. Wie immer, wenn der Gesetzgeber maßregelnd in rein wirtschaftliche Verhältnisse eingreift, wird er nur vorsichtig und tastend vorgehen dürfen, damit das Gewonnene in keinem Mißverhältnisse zum Zerstörten stehe.

Schon die gegenwärtigen strafrechtlichen Vorschriften, darunter wieder vornehmlich die des § 9 Abs. 1 zeigen dies. Sie sind mit großer Vorsicht anzuwenden. Ihre Wirkung liegt vorwiegend in der Abschreckung. Diese können sie vielleicht erreichen. Diesem „vielleicht" dienen die bisherigen Erfahrungen bei ähnlichen Bestimmungen als Wahrscheinlichkeitsgrundlage, nämlich die französische Statistik (vgl. oben S. 1), der Mangel jeglicher Kasuistik in den Kommentaren zu den Partikulargesetzen und schließlich die neuere Statistik über unsere Schutzbestimmungen selbst. Mit dieser Wirkung, wenn sie wirklich auf dem Mangel an Verfehlungen und nicht auf dem Mangel an Anzeigen beruht, könnten Handel und Gewerbe zufrieden sein. Ja, diese Wirkung wird ihnen die erwünschteste von allen sein müssen, denn die Verfolgung der Verletzung des gewerblichen Geheimnisses bleibt für sie eine zweischneidige Waffe. Der oft wenig wahrscheinlichen Bestrafung des Schuldigen stehen gegenüber das allgemcine Risiko der Gefahren und Kosten, wie es jede Privatklage dem Angreifer bietet und das besondere Risiko, welches in der durch die Pflicht des Nachweises, daß ein Geheimnis vorliegt, bedingten völligen Offenlegung des verratenen Geheimnisses begründet ist, zumal oftmals noch die Offenlegung weiterer Geheimnisse, ja vielleicht des ganzen Gewerbebetriebs erforderlich sein wird.

Der wirksamste Schutz gegen die Angestellten, und damit in sehr vielen Fällen gegen die Konkurrenten, bleibt, worauf auch schon in den Vorerörterungen zum Gesetz betreffend unlauteren Wettbewerb hingewiesen ist,[1]) der Vertragsschutz und die gute Bezahlung und persönliche Stellung des Angestellten, die ihn vor Verlockung von seiten des Konkurrenten bewahren. Wo ein Angestellter entlassen und dabei ein Verrat

[1]) Vgl. Zeitschrift des Vereins deutscher Ingenieure 1886 S. 14: „Gesetzesstrenge und Staatsanwälte können das nicht erzwingen, was durch beiderseitiges persönliches Interesse von Arbeitgeber und Arbeitnehmer erreicht wird".

von gewerblichen Geheimnissen befürchtet wird, empfiehlt sich eine Art Quarantaine, während der man den Angestellten besoldet, aber nicht tätig sein läßt, so daß das Dienstverhältnis fort gilt. In Fabrikbetrieben werden in der Zwischenzeit Veränderungen und andere Sicherungsmaßregeln möglich sein. Bei rein kaufmännischen Geheimnissen, die rasch wechseln, wird sich das Mittel als besonders wirksam erweisen.

Andererseits muß man bei der Auslegung des Gesetzes auch die Interessen der Angestellten berücksichtigen, deren Schutz ihnen mehrfach ausdrücklich zugesichert worden ist. Im Hinblick darauf wird vor der in den Kommentaren sich vielfach bei der Auslegung geltend machenden Überspannung der Schutzbestimmungen gewarnt werden müssen.

Literaturverzeichnis.

v. Liszt: Lehrbuch des Strafrechts, 10. Aufl. 1900.

Meyer: Lehrbuch des Strafrechts, 5. Aufl. 1895.

Olshausen: Komm. zum Strafgesetzbuch, 6. Aufl. 1900.

Oppenhoff: Komm. zum Strafgesetzbuch, 14. Aufl. 1900.

Stenglein: Lexikon des deutschen Strafrechts, 1900.

Loewe: Komm. zur Strafprozeßordnung, 10. Aufl. 1900.

Schwartze: Komm. zur Strafprozeßordnung, 1878.

Gierke: Lehrbuch des deutschen Privatrechts, I. Bd. 1895.

Dernburg: Pandekten, 5. Aufl. 1896.

Dernburg: Lehrbuch des bürgerlichen Rechts, 1. u. 2. Aufl. 1901.

Planck: Komm. zum B.G.B., 1900.

Gareis: Lehrbuch des Patentrechts, 1877.

Staub: Komm. zum Handelsgesetzbuch, 1900.

Lehmann-Ring: Komm. zum Handelsgesetzbuch, 1900.

Sydow-Busch: Civilprozeßordnung, 1898.

Verhandlungen des 19. und 23. deutschen Juristentags.

Begründung des Entwurfs zum Gesetz vom 27. Mai 1896, No. 35 der Drucksachen des Deutschen Reichstages. 19. Legislaturperiode 4. Session 1895/96 und daselbst Bericht der vierten Kommission.

Daniel: Das Verbrechen des unlauteren Wettbewerbs unter Erörterung seiner Stellung im System des Strafrechts, 1900.

Brunstein: Der Schutz des Fabrik- und Geschäftsgeheimnisses, 1887.

Stegemann: Unlauteres Geschäftsgebahren, Bd. I, II 1894.

Schuler: Die concurrence déloyale im französischen, schweizerischen und deutschen Recht. Züricher Inaug. Diss. 1895.

Alexander-Katz: Die unredliche Konkurrenz, 1892.

M. M. Kohler: Das Verbrechen des unlauteren Wettbewerbs, Breslau 1901.

I. Kohler: Das Recht des Markenschutzes, 1884.

Kommentare zum Gesetz betr. unlauteren Wettbewerb, von Finger 1897, Hauß 1896, Fuld 1896, Birkenbiel 1896 und 1902, Meyer 1896, Kunreuther 1896.

Lobe: Das Gesetz vom 27. Mai 1896 systematisch dargestellt, 1896.

Staub: „Die positiven Vertragsverletzungen und ihre Rechtsfolgen“ in der Festschrift für den 26. deutschen Juristentag 1902.

O. Mayer: Die concurrence déloyale in der Zeitschrift für das gesamte Handelsrecht, Bd. 26.

Hippe: Die Verletzung von Privatgeheimnissen in Goltdammers Archiv, Bd. 46 S. 283.

J. Kohler: „Das Autorrecht" in Iherings Jahrbüchern für Dogmatik, Bd. 18 S. 228.

Ritter: „Die Konkurrenzklausel im neuen Rechte" No. 15 der deutschen Juristenzeitung, 1902.

Freudenstein: „Über den Schutz gewerblicher technischer Geheimnisse durch die Gesetzgebung" in Goltdammers Archiv, Bd. 32 S. 265.

Ortloff: „Zum Schutze der Geschäftsgeheimnisse. Ein wirtschaftlicher sowie strafrechtlicher Vorschlag", in Schmollers Jahrbüchern für Gesetzgebung und Sozialwissenschaft, 1883 S. 601.

Ortloff: „Das Individualrecht auf Bewahrung der Geschäftgeheimnisse" in Buschs Archiv für allgemeines deutsches Handelsrecht, Bd. 21 S. 329.

Damme: „Der Schutz von Geschäfts- und Betriebsgeheimnissen" in den Preußischen Jahrbüchern, Bd. 80 S. 62.

Reuling: „Ueber den Rechtsschutz von Fabrikations- und Geschäftsgeheimnissen" in der Zeitschrift „Die chemische Industrie", 1895.

Katz: „Die concurrence déloyale" in der Zeitschrift für gewerblichen Rechtsschutz, 1892.

Hentig: In der Zeitschrift des Vereins deutscher Ingenieure, Bd. 30.

Gierke: „Der Rechtsgrund des Schutzes gegen unlauteren Wettbewerb" in der Zeitschrift für gewerblichen Rechtsschutz, 1895.

Schmid: „Der Entwurf eines Gesetzes des unlauteren Wettbewerbs" daselbst, 1893.

Traeger: „Der Schutz gegen unlautere Konkurrenz im Gebiete des Preußischen Landrechts." Bei Gruchot Bd. 36 S. 196.

Marcus: „Das Reichsgesetz zur Bekämpfung des unlauteren Wettbewerbs". In der Zeitschrift „Das Recht", 1897.

Finger: In der juristischen Zeitschrift für Elsaß-Lothringen 21. Jahrgang 1896.

Finger: „Der Begriff des Geschäfts- und Betriebsgeheimnisses nach der bisherigen gerichtlichen Praxis", in der Zeitschrift „Unlauterer Wettbewerb" 1. Jahrgang.

Seuffert: „Die Gesetzgebung des Jahres 1893". In der Zeitschrift für die gesamte Strafrechtswissenschaft, Bd. 14 S. 532 (578).

Hanke: Im Archiv für öffentliches Recht, Bd. 4 S. 457.

Liebmann: Die Verschwiegenheitspflicht des Arztes, 1890.

Gebhard: Das Invalidenversicherungsgesetz, 1901.

Graef: Die Unfallversicherungsgesetze 1901.

Nelken: Die deutschen Handwerker- und Arbeiterschutzgesetze, 1901.

v. Rohrscheidt: Die Gewerbeordnung für das Deutsche Reich, 1901.

J. Kohler: In Schönbergs Handbuch der politischen Ökonomie, Bd. 2.

Schäffle: Die Theorie der ausschließenden Absatzverhältnisse, 1867.

Roscher: System der Volkswirtschaft, I. 22. Aufl. 1897.

Rosenthal: In Conrads Handwörterbuch der Staatswissenschaften, Art. unlauterer Wettbewerb, Supplementband 1 und 2.

Neuburg: Zunftgerichtsbarkeit und Zunftverfassung, 1886.

Abkürzungen.

Gew.-Ord. = Gewerbeordnung für das Deutsche Reich.
R.Str.G.B. = Reichsstrafgesetzbuch.
Str.P.O. = Strafprozeßordnung.
B.G.B. = Bürgerliches Gesetzbuch.
H.G.B. = Handelsgesetzbuch.
Gew.U.G. = Gewerbeunfallversicherungsgesetz.
L. = Unfallversicherungsgesetz für Landwirtschaft und Forstwesen.
B. = Bauunfallversicherungsgesetz.
Inv. = Invalidenversicherungsgesetz.
Hauptges. = Gesetz betr. die Abänderungen des Unfallversicherungsgesetzes.
Margarinegesetz = Gesetz betr. den Verkehr mit Ersatzmitteln von Butter vom 12. Juni 1897.
Weingesetz = Gesetz betr. den Verkehr mit Wein, weinhaltigen und ähnlichen Getränken vom 24. Mai 1901.

Lebenslauf.

Ich bin am 15. September 1878 zu Berlin als Sohn des im Jahre 1900 verstorbenen Kaufmanns Nathan Friedlaender und seiner Ehefrau Rosa geb. Freudenheim geboren. Meine Schulbildung erhielt ich auf dem Köllnischen Gymnasium zu Berlin, welches ich Michaelis 1897 mit dem Zeugnis der Reife verließ. Auf der hiesigen Friedrich-Wilhelms-Universität, die ich nun bezog, studierte ich 6 Semester Jura und Nationalökonomie und hörte neben anderen die Vorlesungen von Berner, Brunner, Dernburg, Gierke, Hübler, Kahl, Kohler, Dickel, Bornhak, Schwartz, Oertmann, Pernice †, Lasson, Wagner, Schmoller und v. Kaufmann, denen allen ich zu Dank verpflichtet bin. Besonderen Dank möchte ich in diesen Zeilen für meinen hochverehrten Lehrer, Herrn Geheimrat Prof. Dr. v. Liszt niederlegen, der meinen juristischen Bildungsgang am meisten beeinflußt und mich auch zu der vorliegenden Arbeit angeregt hat.

Am 15. April 1901 bestand ich in Berlin die Referendarprüfung, wurde dem Amtsgericht Kalkberge-Rüdersdorf überwiesen und dort am 26. April 1901 vereidigt. Zur Zeit bin ich bei der Staatsanwaltschaft am Kgl. Landgericht I Berlin beschäftigt.

Am 25. Februar 1903 bestand ich in Rostock das Rigorosum. Zum Schluß danke ich noch Herrn Professor Dr. Wachenfeld in Rostock für die Liebenswürdigkeit, mit der er sich der vorliegenden Arbeit angenommen hat.

Gedankengang.

Kolibri 360 GmbH
Ferdinand-Jühlke-Straße 7
99095 Erfurt, Deutschland
produktsicherheit@kolibri360.de